AF295952

GUIDE

THÉORIQUE ET PRATIQUE

DU

TEINTURIER

Des Tissus. — Des Matières colorantes.
Des Teintures en général.
Des Agents chimiques employés en Teinture.
Des diverses Teintures. — Des divers procédés de Teinture.
Impressions sur toile, etc.

PAR

GUSTAVE LAHAUT

INDUSTRIEL

PARIS

CHEZ L'AUTEUR, RUE CRUSSOL, 22

ET CHEZ LES PRINCIPAUX LIBRAIRES DE FRANCE ET DE L'ÉTRANGER

—

1860

Tous droits réservés.

GUIDE

THÉORIQUE ET PRATIQUE

DU TEINTURIER

IMPRIMERIE DE CERF A VERSAILLES, 59, RUE DU PLESSIS.

GUIDE

THÉORIQUE ET PRATIQUE

DU

TEINTURIER

Des Tissus. — Des Matières colorantes.
Des Teintures en général.
Des Agents chimiques employés en Teinture.
Des diverses Teintures. — Des divers procédés de Teinture.
Impressions sur toile, etc.

PAR

GUSTAVE LAHAUT

INDUSTRIEL

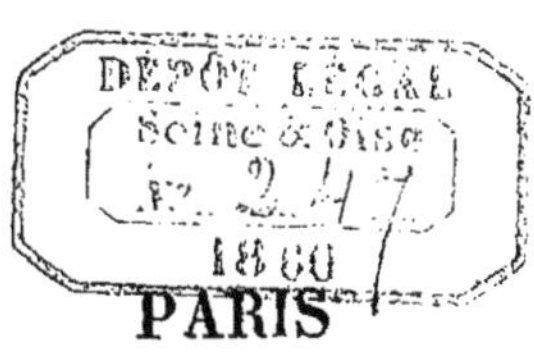

PARIS

CHEZ L'AUTEUR, RUE CRUSSOL, 22

ET CHEZ LES PRINCIPAUX LIBRAIRES DE FRANCE ET DE L'ÉTRANGER

—

1860

Tous droits réservés.

PRÉFACE

En publiant ce livre, notre but est de venir en aide aux nombreux industriels qui n'ont, en général, pour guide qu'une pratique plus ou moins longue, et qui, par cette raison, ne peuvent arriver à obtenir dans leurs opérations des résultats qu'un travail raisonné peut seul donner.

En un mot, nous voulons essayer d'opposer une théorie simple et claire à la routine, cette puissante entrave à tous les progrès.

Aussi nous appliquerons-nous jusqu'à la fin de notre tâche, à rester constamment à la portée de tous. Notre livre s'adresse surtout à ceux qui ont envie d'apprendre ; donc, il faut qu'évitant autant que possible les longueurs et les obscurités, nous allions droit au but, sans nous laisser entraîner à des digressions inutiles aux praticiens, et nuisibles à la clarté des instructions. Pour que nos conseils soient appréciés et mis en usage, il faut avant tout qu'ils soient compris.

Les recherches nombreuses que nous avons faites, l'étude spéciale à laquelle nous nous sommes livré avec tant d'ardeur, les expériences réitérées que nous avons suivies avec tant d'intérêt, nous sont de sûrs garants de la réussite de notre ouvrage.

La partie qui traite de la préparation des différents bains de teinture a surtout été l'objet de nos soins. Nous y indiquons les meilleurs procédés pour obtenir les plus belles et les plus solides couleurs. Beaucoup de ces procédés sont totalement inconnus dans l'industrie et devront lui être d'un immense secours pour arriver à faire mieux et à moins de frais que ce qui a été fait jusqu'ici.

Les fabricants de produits chimiques trouveront aussi dans notre Guide d'utiles renseignements pour la préparation des substances employées en teinture, sur les moyens certains de reconnaître la qualité des matières premières, comme aussi d'arriver à des résultats plus que satisfaisants en employant celles de qualité même inférieure.

Enfin, nous croyons que de l'application bien entendue de nos instructions, il doit résulter pour tous : exécution parfaite dans les opérations et grande économie, puisqu'avec notre Guide, on doit travailler, pour ainsi dire, à coup sûr.

Quelques mots maintenant sur la forme de notre

livre : Notre intention première était de le faire imprimer en pages à deux colonnes ; mais, plusieurs de nos souscripteurs nous ayant fait observer que les recherches seraient ainsi plus difficiles et l'aspect du volume moins gracieux, nous avons dû renoncer à cette idée.

Cela dit, nous aborderons notre sujet, et nous tâcherons d'y rester jusqu'à l'épuisement complet des questions traitées dans le *Guide théorique et pratique du teinturier.*

Nous nous estimerons heureux si notre œuvre est couronnée de succès, et si nous avons pu faire faire un pas de plus à un art aussi utile qu'intéressant.

GUIDE

THÉORIQUE ET PRATIQUE

DU

TEINTURIER

PREMIÈRE PARTIE

MANIPULATIONS CHIMIQUES — PRÉPARATIONS

CHAPITRE PREMIER

DES TISSUS

§ Ier — DE LA LAINE.

Nous ne croyons pas utile d'entrer ici dans de longs détails sur les différentes espèces de laine, sur leur provenance et leur plus ou moins grande valeur.

Nous devons nous écarter le moins possible du sujet qui nous occupe, et, comme nous l'avons dit dans notre Préface, être clair et concis, de manière à être facilement compris de ceux que notre livre doit intéresser.

Quand on coupe la laine, toutes les parties enlevées sur l'animal restent adhérentes et forment ce qu'on appelle une toison.

Le suint dont la laine est naturellement enduite, est une matière formée d'un savon à base de potasse, d'un peu de carbonate, d'acétate et d'hydro-chlorate de potasse, de chaux et enfin d'une substance animale qui donne au suint une odeur particulière.

Cette matière préserve la laine des teignes. Il faut donc la laisser en suint pour la conserver dans les magasins.

Plus une laine est fine et plus elle contient de suint. Celle des mérinos, par exemple, en contient à peu près les deux tiers de son poids ; les laines communes, le quart à peu près. Les premières sont, par cette raison, plus colorées que les autres.

La laine sert principalement à la fabrication des draps, bonneteries, tapisseries, ouvrages tricotés, chapellerie, etc.

La laine se teint en toison, filée ou même convertie en drap.

Mais, préalablement, il faut la purger du suint dont elle est enduite. Cette opération s'appelle le désuintage.

Un excellent procédé de désuintage est celui-ci : On fait tremper la laine dans de l'eau mélangée avec le quart de son poids d'urine putréfiée ; puis on la laisse bien égoutter ; on la lave ensuite dans une eau courante, et pour cela on se sert de grands paniers. On renouvelle ce lavage jusqu'à ce que l'eau en sorte bien claire. Enfin, on fait encore égoutter la laine et on la fait sécher au soleil. S'il reste dans la chaudière une partie de la préparation ci-dessus mentionnée, on peut s'en servir pour d'autres opérations semblables, mais en ayant soin d'y ajouter, pour lui conserver toute son action, une certaine quantité d'urine putréfiée.

On peut remplacer du reste l'urine par du savon, et les résultats obtenus sont à peu près les mêmes.

Lorsque la laine est destinée à former des étoffes de couleurs mélangées, on doit la teindre en toison. Il est à remarquer que dans ce cas, les filaments étant isolés absorbent une quantité plus considérable de matières colorantes que lorsqu'elle est filée.

La laine filée absorbe également plus de parties colorantes que le drap.

Sans vouloir fixer d'une manière scrupuleusement exacte les proportions de cette consommation de teinture, puisque ces proportions varient suivant que le drap est plus ou moins fin, que le tissu est plus ou moins serré, le bain plus ou moins chaud, etc., soit enfin suivant la quantité de temps que dure l'immersion, on peut apprécier ainsi les différences qui résultent de l'état de la laine à teindre :

La laine en toison consomme environ un quart de teinture de plus que le drap ;

La laine filée, un cinquième à peu près.

La laine, comme toutes les substances animales, s'unit facilement et solidement aux parties colorantes. Chacun sait, en effet, qu'on obtient avec elle des résultats beaucoup plus satisfaisants qu'avec le coton, le lin ou le chanvre. La soie même, bien que cette matière appartienne au règne animal, prend moins bien la teinture que la laine.

Encore, pour recevoir avec succès la plupart des couleurs, la laine a-t-elle besoin d'être passée dans un bain particulier nommé bouillon, dans lequel entre environ et relativement au poids du drap, un quart d'alun et un huitième de tartre. Ces quantités varient d'ailleurs suivant la nature des couleurs et des étoffes à teindre. En certains cas même, il faut supprimer le tartre.

Si la laine n'a pas besoin d'être préparée par le bouillon, il faut la mouiller dans de l'eau tiède, pour que la couleur pénètre mieux dans les filaments et que la teinte soit d'une nuance uniforme sur toutes les parties de la laine. Ce travail se nomme Abreuver la laine.

La laine ne peut se combiner aux mordants et aux matières colorantes qu'à l'aide d'une chaleur plus ou moins forte et prolongée. L'opération du passage au bouillon doit durer au moins deux heures. L'expérience a démontré qu'il était bon de laisser reposer les laines ainsi préparées trois jours au moins avant de les teindre.

Les bains de teinture se donnent au degré de l'ébullition, pendant une ou deux heures, suivant le genre de couleur ou de nuance que l'on veut atteindre.

S'il s'agit d'étoffes de laine qui doivent rester blanches, on parvient à les rendre parfaites au moyen du soufrage.

Pour éviter les redites, nous renvoyons pour cette opération au paragraphe suivant, qui traite de la soie.

§ II. — DE LA SOIE.

La soie est la matière dont est formée la coque du bombix ou ver à soie.

Les premières fabriques de ces tissus paraissent avoir été établies en France au xiiie siècle, à Avignon, alors sous la dépendance des Papes. Depuis, les rois encouragèrent cette industrie, firent planter des mûriers et appelèrent d'Italie d'habiles artisans qui, les premiers, jetèrent les bases de cette grande fabrication qui fait aujourd'hui tant d'honneur à l'industrie française, et qui est une source féconde de richesses pour les provinces du midi.

La soie, naturellement recouverte d'une substance gommeuse, qui fait sa raideur et son élasticité, contient aussi une partie colorante jaune.

La plupart des usages auxquels la soie est employée, exigent qu'elle soit dépouillée des parties gommeuses et colorantes. C'est ce qu'on appelle le dégommage et le décreusage ou cuite.

Le dégommage se fait en tenant les matteaux de soie placés sur des lisoirs dans une dissolution de trente parties de savon sur cent parties de soie. Cette dissolution doit être très-chaude, mais non en ébullition. Lorsque la partie des matteaux qui trempe dans le bain savonneux a acquis assez de blancheur et de flexibilité, on retourne les matteaux bout par bout, on laisse suffisamment tremper, puis on retire et on tord à la cheville.

Pour cuire les soies (décreusage), on en met trente livres au plus à la fois dans des sacs de grosse toile ; on les fait bouillir pendant une heure et demie dans un bain de savon plus faible que le précédent (20 parties de savon pour 100 de soie); on agite les sacs de manière à les ramener assez également du fond à la surface de la chaudière, pour éviter l'action trop forte de la chaleur sur ceux qui demeureraient au fond trop longtemps.

Après la cuite, on retire les sacs du bain, on les étend, on les découd, et on s'assure que toutes les parties ont été suffisamment attaquées par le bain, ce dont il est facile de s'assurer, une teinte jaune apparaissant sur celles qui ne sont qu'imparfaitement atteintes. Si cet inconvénient se présente, on y remédie en remettant les soies dans le bain, lesquelles doivent y bouillir pendant une heure et quelquefois plus. On retire ensuite de nouveau les sacs, on en ôte les soies, auxquelles, pour les bien dégorger de savon, on donne une batterie ou deux dans une eau courante, puis on les fait sécher.

Si la soie doit rester en blanc, à ces deux opérations, on ajoute le blanchîment, qui se fait de la manière suivante :

On fait tremper la soie, après les opérations du dégommage et du décreusage dans un bain très-chaud, sans être bouillant, composé d'une livre de savon pour une quantité de vingt-cinq seaux d'eau clarifiée. On laisse la soie dans ce bain jusqu'à ce qu'on ait obtenu la nuance qu'on désire.

Il existe, pour la soie, cinq nuances principales de blanc qui sont : le blanc de Chine, le blanc des Indes, le blanc de lait, le blanc azuré, le blanc d'argent.

Pour obtenir le blanc de Chine, il faut ajouter au bain savonneux dont il vient d'être parlé, un peu de bain de Rocou.

Pour les autres blancs, il faut employer l'azur, aussi bien dans le bain de blanchîment que dans celui de dégommage.

Voici la manière de préparer l'azur :

On lave à deux ou trois reprises du bel indigo dans l'eau un peu chaude, on le pile ensuite dans un mortier ; on verse par dessus de l'eau bouillante ; puis on laisse reposer. La liqueur qui surnage, et qui ne tient en suspension que les parties les plus fines de l'indigo, forme l'azur. L'usage et la grande expérience sont les meilleurs guides pour les doses qu'on doit employer, soit dans l'opération du dégommage, soit dans celles du blanchîment. Lorsque la nuance est atteinte, on tord les soies et on les fait sécher.

On peut également blanchir les soies d'une autre manière. Après le décreusage, on expose les soies à la vapeur du soufre en combustion, et on les passe ensuite à l'azur sur de l'eau de rivière bien claire.

Le soufrage a lieu de la manière ci-après indiquée :

On dispose les soies sur des perches soutenues à huit pieds environ du sol d'une pièce sans foyer, laquelle doit pouvoir être aérée sans qu'on ait besoin d'y entrer. On met dans un récipient en fer dont le fond est garni de cendres, une livre ou une livre et demie (500 à 750 grammes) de soufre en canon, en morceaux. On met le feu au soufre ainsi préparé. Il est nécessaire que la pièce soit bien close, et on laisse brûler pendant toute une nuit. Le lendemain, on ouvre les fenêtres (en dehors, de façon à n'avoir pas à entrer dans la chambre) pour donner issue à l'acide sulfureux dont l'action délétère pourrait être mortelle pour ceux qui s'y exposeraient sans précautions.

Dans l'été, la dessication des soies s'opère au moyen d'un courant d'air qui s'établit du dehors au dedans de la pièce, au fur et à mesure que le gaz acide sulfureux s'échappe.

Dans l'hiver, aussitôt que le gaz est dissipé, on referme fenêtres et portes, et on fait sécher les soies au moyen de réchauds remplis de braise allumée.

Une certaine raideur, que donne à la soie l'opération du soufrage, peut servir avantageusement pour la fabrication de quelques étoffes ; mais pour ce qui concerne la bonneterie, il faut se garder de soufrer les soies, car elles détérioreraient les métiers sur lesquels elles doivent être travaillées.

Comme nous l'avons dit dans le précédent paragraphe, l'opération du soufrage a lieu pour la même façon pour les laines et les soies.

On s'est assuré par des expériences réitérées que les soies écrues blanches deviennent plus blanches encore après avoir été exposées au soleil, et que les soies écrues jaunes s'y décolorent entièrement. Ainsi l'on peut déduire de ce fait que les soies, qui, après l'opération du décreusage au savon, ont encore une teinte jaunâtre, peuvent devenir d'un beau blanc après quelques jours d'exposition au soleil. Remarquons en passant que les soies d'un jaune terne et sale conservent toujours néanmoins une nuance rougeâtre qui nuit à leur beauté.

Pour la fabrication de certaines étoffes de soie, telles que blondes, gazes, etc., qui doivent rester fermes et avoir l'aspect d'étoffes empesées ou gommées, on ne doit employer que des soies écrues qui ne sont ni dégommées, ni cuites ; elles peuvent être soumises à toutes les opérations de teinture, sans subir préalablement aucune des préparations ci-dessus indiquées. On se borne à faire un choix des plus blanches naturellement ; on les trempe dans l'eau tiède, on les tord, on les passe au soufre, puis on leur donne de l'azur sur de l'eau bien claire. Puis, enfin, on les tord de nouveau et on les soufre une seconde fois, le soufrage ne pouvant jamais nuire aux différentes espèces de couleurs et de nuances que les soies sont appelées à recevoir.

Les soies qui doivent être mises en couleur n'ont pas besoin d'un décreusage aussi parfait que celles qui doivent rester blanches.

Pour la plus grande partie des teintes, trois ou quatre heures de cuite dans un bain renfermant vingt parties de savon, sur cent de soie, suffisent pour obtenir d'heureux résultats. Il faut avoir soin de remplacer par de nouvelle eau, celle qui s'échappe en vapeur, afin de conserver au bain son volume primitif.

Pour les teintes grises, bleues ou autres couleurs délicates, il faut ajouter au bain dix parties de savon et cuire également pendant trois ou quatre heures, afin de suppléer au dégommage que l'on peut ainsi se dispenser de faire en particulier.

Une autre opération ordinairement pratiquée, avant la teinture des soies et qu'on nomme l'alunage, contribue à donner de la beauté et de la solidité aux teintes.

Dans une chaudière de contenance ordinaire, on fait fondre une quarantaine de livres (20 kilogrammes) d'alun bien pur qui se mélange parfaitement avec l'eau chaude dont la chaudière est remplie. Puis, on verse cette dissolution dans une cuve ou tonneau contenant déjà 40 ou 50 seaux d'eau froide. Pendant le transvasement, il faut avoir bien soin, pour empêcher la cristallisation de l'alun, d'agiter le mélange. Les soies bien purgées du savon de la cuite, bien tordues, on passe les matteaux dans des cordes, et, à l'aide de lisoirs, on les fait tremper huit heures au moins dans le bain ainsi préparé ; après quoi on les relève, on les tord au-dessus de la tonne même et on les lave avec soin dans une eau courante.

La quantité de vingt kilogrammes d'alun suffit pour cent quarante à cent cinquante livres de soie. Pendant l'opération, lorsqu'on s'aperçoit par la dégustation que la saveur du bain diminue, on y ajoute une certaine quantité d'alun pour lui rendre sa première force. On le renforce ainsi jusqu'à ce qu'il commence à exhaler une odeur fétide. Il ne peut plus servir alors que pour des soies destinées à recevoir des couleurs sombres.

L'alunage des soies ne peut se faire qu'à froid ; autrement elles perdraient de leur lustre.

Telles sont les principales conditions pour la bonne préparation des soies destinées à être teintes.

§ III. — DU COTON.

Le coton est une espèce de duvet qui enveloppe les semences d'une plante herbacée ou d'un arbrisseau nommé cotonnier, qui croît surtout en Asie, en Afrique et en Amérique. Le climat de l'Europe est généralement peu favorable à sa culture.

Le commerce distingue deux espèces principales de coton, qu'il désigne sous les noms de coton des Iles et de coton du Levant.

La première espèce, qui prend différents noms suivant sa provenance, nous arrive telle qu'elle sort des capsules qui la renferment, ou, pour nous servir du mot consacré, en laine. Plus cette laine est pure et nette et plus elle a de prix, à cause des déchets considérables que donne le coton malpropre, et aussi des difficultés qu'on rencontre au filage, au blanchîment et à la teinture.

Les cotons du Brésil et de Cayenne sont bien supérieurs à ceux de la Guadeloupe, qui sont pourtant presque exclusivement employés dans les toileries de plusieurs départements.

Le coton du Levant ou de Chypre est moins estimé que celui des Iles, à cause de son impureté et de l'impossibilité de l'employer pour une filature très fine. Il prend du reste moins bien la teinture que le premier.

Cette espèce de coton comporte plusieurs variétés appelées les unes, coton de terre, les autres, coton de mer.

Les cotons, dits de terre, sont plus fins et, partant, plus estimés que les autres.

L'industrie des cotons est une des plus importantes de la France ; elle occupe un nombre considérable d'ouvriers, hommes, femmes et enfants.

Depuis quelque temps déjà, on est parvenu à teindre les cotons des couleurs les plus belles, les plus variées et les plus solides. Les tissus qui sortent de la manufactures rouennaises s'expédient dans toutes les parties du monde, préférence méritée qu'elle doit à la supériorité des produits qu'elle emploie pour la teinture, et à l'habileté des industriels dé cette partie de la France.

Les opérations que doit subir le coton avant d'être livré à la teinture, sont au nombre de trois, savoir :

> Le décreusage,
> L'engallage,
> Et l'alunage.

Le décreusage sert à dépouiller le coton de la couleur jaune qu'il porte naturellement, couleur parfois si foncée qu'on peut faire des étoffes qui conservent cette teinte naturelle, mais que l'on doit s'attacher à faire disparaître le plus complètement possible pour disposer le coton à recevoir les couleurs artificielles qu'on veut lui appliquer.

Pour décreuser une quantité de cent livres (50 kilogrammes) de coton, il faut la faire bouillir pendant cinq heures environ, dans une lessive de cinq à six cents litres composée d'eau de soude un peu caustique marquant un degré à l'aréomètre de Beaumé. Lorsque le coton s'enfonce de lui-même dans la chaudière, on le retire, on le place sur un baril placé à cet effet en travers sur la chaudière ; on le laisse bien égoutter ; puis après l'avoir soigneusement lavé dans une eau courante, on tord à la cheville et on le fait sécher à l'air.

On peut se dispenser d'employer l'eau de soude pour le coton destiné à être teint en petites couleurs ; dans ce cas, un débouilli à l'eau claire peut suffire.

L'engallage du coton, ainsi nommé parce qu'on fait pour cette opération usage de noix de galle, se fait dans une proportion qui varie suivant le genre de couleur et l'intensité qu'on veut donner à la matière à teindre. La proportion ordinaire est de quatre-vingt-dix à cent grammes de noix de galle par demi-kilogramme de coton.

Voici la manière d'opérer :

On fait cuire la noix de galle concassée dans une chaudière en cuivre contenant cent cinquante litres d'eau pour cinquante kilogrammes de coton. Lorsque la noix de galle est assez malléable pour pouvoir s'écraser entre les doigts, on cesse de faire bouillir et on laisse refroidir un peu le liquide. On le passe ensuite dans un tamis de crin exclusivement affecté à cet usage. Puis, le bain étant encore assez chaud pour n'y pouvoir tenir la main, on y trempe le coton par parties, de manière à l'imprégner bien également de la décoction, ce qui exige que le coton soit rabattu deux ou trois fois, en ayant soin, chaque fois, de le comprimer légèrement dans la cuve avec les doigts fermés à demi. On le relève alors, on le tord à la main ou à la cheville, on l'étend, s'il est possible, en plein air. Dans le cas où le temps ne le permettrait pas, on l'étend sous un hangar bien situé pour l'aération.

Le restant du bain d'engallage peut servir à d'autres opérations du même genre, en y ajoutant une quantité de décoction semblable pour la force et la quantité à celle absorbée la première fois, et ainsi de suite jusqu'à la fin du travail.

En certaines circonstances, on laisse séjourner le coton pendant une ou deux heures dans la décoction. Parfois aussi, on donne l'engallage en deux fois, et on fait alors sécher entre les deux opérations. Enfin, on passe de même le coton dans l'infusum de sumac, soit seul, soit mêlé avec le décoctum de galle, et toujours le plus chaud possible.

L'acide gallique et le tannin qui se trouvent dans la décoction ayant une grande affinité pour le coton, celui-ci se charge d'un mordant énergique qui aide à l'application des teintures, dont quelques-unes ne pourraient même être opérées sans le secours de cette sorte d'auxiliaire.

L'alunage se fait après l'engallage, et dans les mêmes proportions, c'est-à-dire qu'il faut à peu près cent grammes d'alun pour cinq cents grammes de coton.

On fait fondre l'alun pulvérisé dans une quantité d'eau chaude suffisante pour y travailler le coton.

Lorsque la dissolution est effectuée et que le liquide

n'est plus que tiède, on procède comme avec la décoction de noix de galle ; on tord à la main et on fait sécher à l'ombre.

Si l'alunage est fait en deux fois, il faut faire sécher entre les deux opérations.

Nous devons ajouter qu'il est parfois utile de laisser dix ou douze heures le coton mouillé de son alun avant de passer à l'étendage.

Dans tous les cas, l'alunage ne doit se donner qu'à 25° Réaumur au-dessus de zéro, car à une chaleur plus forte, une partie de la décoction de galle abandonnerait le coton et fournirait avec l'alun, au milieu du liquide, une combinaison totalement perdue pour le coton.

On peut substituer à l'alun l'acétate d'alumine, que l'on emploie à 5 ou 6° du pèse-liqueur, avec la même chaleur que pour l'alun.

L'alun ne se décompose que dans le bain de teinture et forme alors une combinaison solide avec les matières colorantes.

Il ne faut pas oublier qu'avant d'entrer dans le bain de teinture, le coton doit être soigneusement lavé pour enlever la portion d'alun non combinée qui, en se décomposant, pourrait amener la précipitation en perte au fond de la chaudière d'une partie des matières colorantes.

§ IV. — DU LIN ET DU CHANVRE.

Le lin et le chanvre sont cultivés avec succès dans toutes les parties de l'Europe.

Pour les rendre propres aux nombreux usages auxquels ils sont destinés, ils doivent être rouis, teillés et peignés. Comme ces opérations ne sont pas du domaine de notre livre, nous ne croyons pas nécessaire de les détailler ici.

Avant de teindre le lin et le chanvre, on doit, comme pour le coton, les soumettre au décreusage, à l'engallage et à l'alunage.

Les deux dernières opérations se font exactement de la manière indiquée au précédent paragraphe.

Pour ce qui concerne le décreusage, il faut, avant de donner la lessive, faire tremper le lin et le chanvre pendant trois jours, si l'on est en été, et pendant un laps de temps plus considérable en hiver, dans des cuves remplies d'eau tiède, afin de faciliter par la fermentation la disparition de la teinte naturelle.

Après cette première épreuve, on fait égoutter, on lave à la rivière et on passe au débouilli par une lessive marquant 1° 1/2 à l'aréomètre. Il n'est même pas inutile de donner un second débouilli, mais avec une lessive marquant 1° seulement.

Pour le surplus de l'opération, nous renvoyons le lecteur au paragraphe relatif à la préparation du coton.

§ V. — BLANCHÎMENT DU COTON, DU LIN ET DU CHANVRE.

Les anciens procédés employés pour le blanchîment exigeaient un temps considérable. Ils consistaient à soumettre les matières, quelquefois à dix-huit ou vingt reprises, à l'action alternative des lessives alcalines et de l'air, mais grâce aux recherches de quelques savants praticiens, on leur a substitué un mode beaucoup plus simple et plus économique.

Une ou deux lessives alcalines et autant d'immersions dans une solution de chlore suffisent maintenant pour obtenir un résultat avantageux. Si à ces deux opérations on ajoute un bain d'eau acidulée par l'huile de vitriol, un léger savonnage et un bain propre à donner aux matières une légère teinte bleue, on aura une idée générale de la méthode.

En raison de l'importance de l'opération du blanchîment, nous avons cru devoir lui consacrer un paragraphe spécial, au lieu de traiter cette question collectivement avec celles concernant le décreusage, l'engallage et l'alunage des matières.

Nous allons donc entrer dans quelques détails nécessaires sur la méthode adoptée avec tant de succès relativement au blanchîment, qui, comme nous l'avons dit plus haut, est plus simple, plus prompte et moins coûteuse que celle suivie anciennement.

Pour rendre les lessives plus actives, on les rend caustiques au moyen d'une partie de bonne chaux vive, récemment éteinte dans l'eau et réduite en poudre avec deux parties de potasse également en poudre. On mêle avec soin et on verse dessus une quantité d'eau égale à vingt-cinq ou trente fois le poids de potasse ; on agite de temps à autre le mélange avec un bâton, dans un espace de vingt-quatre heures ; on laisse reposer et on décante la liqueur claire qui doit marquer 1° 1/2 au pèse-liqueur de Beaumé.

Puis, dans une chaudière en cuivre de capacité convenable, on verse sur le coton une quantité de lessive assez considérable pour que le coton soit bien submergé. On chauffe graduellement jusqu'à l'ébullition qu'on doit entretenir pendant environ quatre heures. On retire ensuite le coton de la chaudière, on le laisse égoutter sur un bard placé en travers, on le rince à la rivière, on le tord à la cheville, on l'étend en plein air si le temps le permet ; en cas contraire, sous des hangars bien aérés.

On dispose ensuite le coton dans des cuviers de bois blanc, en croisant alternativement les matteaux ou tors.

On asseoit le premier lit de coton sur des tringles de bois blanc ou sur des boules de terre cuite ; on forme un second lit en disposant les pentes de manière qu'elles forment à peu près un angle droit avec les pentes du premier lit, et ainsi de suite.

On verse ensuite sur le coton assez de chlore liquide pour qu'il soit surnagé de trois ou quatre travers de doigt. Après une immersion d'une heure ou deux, on se débarrasse du liquide par la chantepleure placée au bas du cuvier, et on verse à sa place de l'eau bien claire qui enlève la majeure partie de ce qui reste du chlore liquide. On retire ensuite le coton du cuvier, on le rince soigneusement en eau courante, on le tord à la cheville et on le fait sécher comme il est dit plus haut.

Le bain d'eau acidulée par l'huile de vitriol se prépare de la manière suivante :

Il se compose de soixante parties d'eau pour une partie d'acide sulfurique à 66°. On agite ces deux liquides pour que le mélange soit parfait, puis on y plonge le coton qui doit y rester au plus une heure, sans surnager.

Il faut avoir soin, au sortir du bain, de laver le coton à plusieurs reprises et dans une eau courante, pour empêcher la concentration de l'acide par l'évaporation. Sans cette précaution le coton serait brûlé. On termine en tordant à la cheville et en faisant sécher.

Il est bon de faire subir au coton, après cette opération, un léger savonnage après lequel on rince et on fait sécher de nouveau.

Le dernier travail a trait au bain de bleu d'azur qui contribue puissamment à rehausser la blancheur du coton.

Pour préparer ce bain, on délaie dans un peu d'eau claire le plus beau bleu d'azur (oxide de cobalt) réduit en poudre fine. On jette une partie de l'eau chargée d'azur sur un tamis de soie placé au-dessus d'une cuve remplie d'eau clarifiée ; on s'assure en essayant sur une pente de coton que l'eau est suffisamment chargée, alors, on y passe le coton dont on exprime avec soin le liquide coloré, ayant soin d'ajouter du bleu de temps en temps pour que la nuance soit égale ; puis on tord et on fait sécher à l'air.

Le blanchîment du lin et du chanvre se fait de la même manière que pour le coton, avec cette différence pourtant qu'on doit, préalablement à leur passage dans la lessive, faire tremper les fils dans l'eau pendant deux ou trois jours, afin d'aider à l'action de la lessive et des immersions.

Deux ou trois lessives et autant d'immersions suffisent pour blanchir les fils de lin et de chanvre.

CHAPITRE II.

DES MATIÈRES COLORANTES

§ Ier. — APERÇU GÉNÉRAL.

Les matières colorantes se trouvent dans toutes les parties des plantes, tantôt dans les racines, tantôt dans les tiges ou dans les graines. Il en existe de toutes les nuances ; les plus communes sont les rouges, les jaunes et les vertes.

La nature ne nous offre jamais les matières colorantes que combinées les unes avec les autres et souvent même avec plusieurs des matériaux immédiats des végétaux, et c'est ce qui rend la préparation de ces matières si difficiles. Si l'on pouvait parvenir à les isoler toutes, on connaîtrait le principe qui prédomine en elles, les analyser et en faire l'objet d'une étude spéciale.

Toutes les matières colorantes semblent être solides, insipides et inodores. Comme les autres substances végétales, elles sont décomposées par le feu. Toutes s'altèrent et se ternissent par le contact de l'air humide et des rayons solaires.

La plupart des matières colorantes sont solubles dans l'eau, quelques-unes seulement dans l'alcool, les huiles et l'éther. Ces dissolvants étant faibles prennent toujours la teinte des matières dissoutes ; ainsi, par exemple, l'eau se colore en jaune par la gaude ; en rouge, par le bois du Brésil. Mais si le dissolvant est acide ou alcalin, la matière colorante éprouve dans sa teinte divers changements qui sont d'autant plus sensibles que l'acide ou l'alcali ont plus de force.

Ces changements sont dus en général à de véritables combinaisons entre les matières colorantes, les acides et les alcalis. On sait, en effet, qu'il est très-facile de raviver au moyen de l'alcali, les couleurs mangées par un acide et par un acide celles altérées par un alcali.

Le chlore a la propriété de détruire toutes les matières colorantes, même à une température moyenne, et de les changer en un jaune tout particulier. En versant, par exemple, une dissolution de chlore sur le tournesol et sur l'indigo, qui sont les deux extrêmes sous le rapport de la solidité, l'une et l'autre couleur deviendront sur le champ d'un jaune fauve.

On donne le nom de laques à des compositions formées d'oxide ou de sous-sels insolubles et de matières colorantes, et qu'on obtient en dissolvant la matière colorante dans de l'eau, en y versant une dissolution d'alun ou d'hydrochlorate de deutoxide d'étain, en y ajoutant une certaine quantité de soude, de potasse, d'ammoniaque ou de carbonates de ces bases en liqueur. Toute la matière colorante pourra être précipitée si le sel alumineux est en excès.

§ II. — HÉMATINE.

L'hématine, extraite du bois de Campêche, est cristalline, d'un blanc rosé, d'une saveur légèrement astringente, amère et âcre.

Ce bois nous vient d'Amérique sous la forme de bûches plus ou moins volumineuses; il est pesant, rouge, dur et serré, et presque incorruptible.

Pour se procurer l'hématine, on commence par faire digérer le Campêche en poudre avec de l'eau, à une température de 50 à 55°. Quelques heures après, on filtre la liqueur, on l'évapore jusqu'à siccité et on met pendant un jour le résidu dans de l'alcool à 36°. Après on filtre la liqueur qu'on concentre jusqu'à l'épaissir, on y verse une petite quantité d'eau et on la soumet encore à une douce évaporation. On obtient de cette façon une assez grande quantité de cristaux d'hématine qui, une fois lavés à l'alcool et séchés, sont purs.

L'eau bouillante dissout facilement l'hématine et se colore d'un beau rouge orangé foncé qui, après refroidissement, devient jaune, et reprend la couleur rouge si l'on chauffe de nouveau. Si l'on évapore cette dissolution, il s'y forme des cristaux d'hématine ; en y ajoutant peu à peu de l'acide, elle devient jaune, puis rouge. L'action de l'acide sulfureux donne d'abord une teinte jaune à la dissolution et détruit enfin le principe colorant si le contact est prolongé.

La potasse et l'ammoniaque font prendre une couleur rouge pourpre à la dissolution d'hématine ; si ces alcalis sont ajoutés avec excès, elle devient d'un bleu violet, puis d'un rouge brun et d'un jaune brun ; l'hématine est alors décomposée et ne peut même plus reparaître par les acides. Les eaux de baryte, de strontiane et de chaux ont la même action sur l'hématine, mais elles finissent par la précipiter de sa dissolution.

Si l'on fait passer un courant de gaz hydrogène sulfuré dans de l'eau chargée d'hématine, elle prend une couleur jaune qui diminue progressivement et se perd dans l'espace de quelques jours.

L'hydrogène sulfuré paraît agir en se combinant avec l'hématine et non en la désoxigénant. On peut s'en assurer d'ailleurs au moyen d'une petite cloche remplie de mercure dans laquelle on introduit une quantité de dissolution décolorée et ensuite une petite partie de potasse pure qui se fond, se combine avec l'hydrogène sulfuré, après quoi la couleur reparaît.

Les acides minéraux précipitent la colle forte de la dissolution d'hématine sous forme de flocons rougeâtres.

L'hématine n'est jamais employée à l'état de pureté,

mais elle entre dans toutes les couleurs préparées avec le bois de Campêche, et qui sont principalement le violet et le noir.

§ III. — COULEUR ROUGE DU CARTHAME.

Cette matière colorante est très-fugace, d'un rouge très-foncé, insoluble dans l'eau et l'alcool. Les acides mêmes l'avivent sans la dissoudre. La potasse, la soude et les carbonates de potasse et de soude la dissolvent en lui donnant un ton jaunâtre, qui devient rose par les acides en général, mais par les acides végétaux surtout.

Cette couleur s'extrait d'une plante annuelle, ou du moins de sa fleur, plante cultivée en Espagne, en Egypte et dans plusieurs contrées du Levant. Cette plante se nomme le *carthamus tinctorius* de Linnée.

Pour l'extraction de cette matière colorante, on met le carthame dans un sac de toile serrée, qu'on laisse tremper dans l'eau pendant quelque temps, puis on foule ensuite à la rivière jusqu'à ce que le carthame ne donne plus de couleur jaune. Lorsque la fleur ne colore plus l'eau d'une manière sensible, on la met en contact, à la température ordinaire, avec environ son poids de carbonate de soude dissous dans neuf à dix parties d'eau. Après une heure, on passe la liqueur à travers une toile serrée, on y verse du jus de citron en quantité au moins suffisante pour saturer l'alcali, et on y plonge ensuite les écheveaux de coton. L'acide citrique contenu dans ce jus décompose le carbonate de soude, et en précipite la manière colorante, qui se combine promptement avec le coton. Après un lavage, on traite le coton par une nouvelle dissolution de carbonate de soude qui redissout la matière colorante, et on la précipite de nouveau par le jus de citron ; elle se rassemble peu à peu au fond du vase. En la séparant d'avec la liqueur surnageante et en la faisant sécher, elle peut être indéfiniment conservée. Il n'en faut qu'une parcelle pour donner à l'eau une couleur rose très-foncée.

La couleur rouge du carthame, seule ou combinée avec d'autres substances, donne à la soie, au fil et au coton, une foule de nuances variant depuis la couleur de chair jusqu'au rouge cerise. Bien que toutes ces nuances manquent de solidité, elles sont très-belles, très-éclatantes ; aussi, fait-on un usage considérable du carthame.

§ VI. — CARMINE.

On donne le nom de carmine au principe colorant de la cochenille et du carmin.

La carmine est d'un rouge pourpre éclatant, grenue et d'un aspect cristallin, inaltérable à l'air. Elle est fusible à une chaleur de 50° et se détruit presque sur-le-champ par le chlore ou l'iode. Les acides nitrique, hydro-chlorique et sulfurique la décomposent très-vite ; soluble à l'eau, peu à l'alcool et tout à fait insoluble dans l'éther et les huiles fixes et volatiles. Sa solution prend par évaporation la forme de sirop et ne laisse jamais déposer de cristaux. Elle passe par les acides du rouge cramoisi au rouge vif, devient peu à peu jaunâtre et enfin jaune. Les alcalis la changent en violet, et elle se précipite par la chaux. La teinte altérée par les acides peut être rendue à son état primitif par les alcalis. Si, au contraire, la couleur a été changée par les alcalis, on peut la faire revivre par les acides. Mais si la couleur est altérée par la chaux ou la soude, il est impossible de la faire reparaître telle qu'elle était d'abord. Une trop grande élévation de la température produit promptement aussi la même altération.

L'alumine en gelée décolore presque instantanément la solution de carmine; elle forme une laque d'un beau rouge qui passe au violet à l'ébullition.

L'acétate de plomb, l'hydro-chlorate de protoxide d'étain et le nitrate de protoxide, en troublant cette solution, y forment un précipité violet; le nitrate de deutoxide de mercure, un précipité rouge écarlate.

Le nitrate de plomb, les sels de cuivre, les sels de baryte, de strontiane, de chaux, la font changer en violet; les sels de potasse, de soude, d'ammoniaque, d'alumine, la font virer au cramoisi. Elle devient d'un rouge vif par l'hydro-chlorate de deutoxide d'étain. Le nitrate d'argent et l'hydro-chlorate de deutoxide de mercure n'ont aucune action sur la solution de carmine.

La carmine se trouve dans un insecte du genre *coccus*, appelé cochenille. Cet insecte est composé de carmine; d'une matière animale particulière; d'une matière grasse qui contient de la stéarine, de l'élaïne et un acide odorant; d'un peu de phosphate et de carbonate de chaux, de phosphate et d'hydro-chlorate de potasse; et enfin d'un autre sel résultant de l'union de la potasse avec un acide organique.

On traite la cochenille par de l'éther sulfurique parfaitement rectifié; la température est élevée peu à peu jusqu'au degré d'ébullition du liquide, qui se colore en jaune doré; on le renouvelle jusqu'à ce qu'il ne prenne plus de teinte sensible. Alors, une grande partie de la matière grasse est dissoute, quelque peu de carmine aussi, mais seulement par l'intermédiaire du corps gras.

La cochenille étant épuisée par l'éther est mise en contact avec de l'alcool dans un appareil digesteur; plusieurs décoctions sont faites successivement, puis réunies et abandonnées à une évaporation spontanée; elles contiennent la carmine, un peu de matière grasse et un peu de matière animale; elles les laissent déposer bientôt en petits grains d'une très-belle couleur rouge.

En traitant ces petits grains à froid par de l'alcool concentré, on ne dissout que la carmine et la matière grasse. En ajoutant à la dissolution autant d'éther qu'elle contient d'alcool, le mélange se trouble peu à peu, et le dépôt formé au bout de quelques jours n'est plus composé que de carmine pure. La matière grasse reste dans l'alcool éthéré avec une petite partie de matière colorante.

L'écarlate et le carmin doivent leur couleur à la carmine qui, à l'état de pureté, est sans usage.

§ V. — SAFRAN.

On parvient à obtenir le principe colorant du safran en faisant chauffer l'infusion aqueuse des stigmates de cette substance jusqu'à ce qu'elle ait atteint la consistance d'un extrait. En traitant cet extrait par l'alcool concentré, en filtrant la liqueur et en l'évaporant jusqu'à siccité, on obtient le principe colorant pur.

L'odeur du principe colorant du safran est suave, sa saveur piquante et amère. Soumis à l'action du feu, il donne de l'ammoniaque, indépendamment des produits provenant de la distillation des matières végétales. Sa dissolution aqueuse, exposée pendant quelque temps dans un flacon fermé hermétiquement à l'influence des rayons du soleil, se décolore complétement.

Lorsqu'à la température ordinaire, elle est mise en contact avec soit de l'acide sulfurique, soit de l'acide nitrique, elle subit des variations étonnantes : l'acide sulfurique lui donne une couleur d'un bleu indigo qui passe ensuite au lilas ; l'acide nitrique lui communique une belle teinte verte.

Le chlore a la propriété de la blanchir et la détruit instantanément. Un précipité d'un beau brun foncé s'y forme au moyen du sulfate de fer. L'acétate de plomb avec excès d'acide ne trouble point cette dissolution.

Le principe colorant du safran n'est soluble ni dans les huiles fixes, ni dans les huiles essentielles ; il se dissout en très petite quantité dans l'éther, et en quantité assez considérable dans l'eau et l'alcool. Il se combine avec la chaux, la potasse et la baryte.

La diversité de nuances que ce corps présente avec les réactifs lui ont fait donner le nom de polychroïte (en grec, plusieurs couleurs).

§ VI. — INDIGO.

L'indigo nous a été apporté des Indes vers le milieu du xvie siècle.

C'est un corps solide, sans odeur, sans saveur, pourpre et cristallisable.

En le soumettant dans une cornue à l'action du feu, il se sépare en deux parties ; l'une se volatilise sous forme de vapeurs violettes qui viennent se condenser dans le col du vase ; la seconde partie, en se décomposant, offre tous les produits des substances animales. Chauffé à l'air libre, il se vaporise en plus grande quantité que dans un vase clos, si toutefois la température n'est pas très élevée. Si elle était portée au rouge, l'indigo se gonflerait, s'enflammerait et brûlerait avec une flamme blanche; il se transformerait en une espèce de charbon volumineux qui finirait par s'incinérer.

L'indigo est insoluble dans l'eau et dans l'éther. Il est soluble dans l'alcool bouillant, qu'il colore en bleu, et dont il se précipite en partie au refroidissement. Il est inaltérable à l'air.

Une partie d'indigo mise en contact avec neuf ou dix parties d'acide sulfurique, à une température de 30 à 40°, se dissout en quelques heures. Cette dissolution est d'un beau bleu. Il acquiert alors la propriété de se dissoudre dans plusieurs réactifs qui, auparavant, n'avaient pas d'action sur lui, mais il perd celle de se vaporiser.

Le chlore détruit l'indigo presque tout à coup.

On teint en bleu de Saxe avec la dissolution d'indigo dans l'acide sulfurique. C'est avec cette dissolution qu'on éprouve la force du chlore et du chlorure de chaux.

L'action de l'acide nitrique, même étendu d'eau, est très grande sur cette substance. Une partie d'indigo, traitée par deux parties d'acide étendu de deux parties d'eau, donne, outre les produits résultant de la décomposition des matières végétales par l'acide nitrique, de l'ammoniaque, une matière résineuse et un composé d'acide hyponitreux et d'une substance végétale grasse.

L'acide hydrochlorique liquide n'agit point sur l'indigo à la température ordinaire. Par la chaleur, il prend une couleur jaunâtre due à un peu d'indigo décomposé.

Les alcalis ont sur lui une action à peu près semblable.

Quand on traite l'indigo réduit en poudre fine par diverses matières désoxigénantes, il passe au jaune et devient soluble dans l'eau, surtout à l'aide des alcalis. Si, dans cet état, on le met en contact avec l'air, il absorbe le gaz oxigène, redevient bleu et insoluble. On peut en conclure que ces matières n'agissent sur lui qu'en le désoxigénant en partie, ce que produisent par l'intermédiaire de l'eau, l'hydrogène sulfuré, l'hydro-sulfure d'ammoniaque, le sulfate de protoxide de fer et un alcali, l'orpiment et la potasse, la potasse et le protoxide d'étain, et beaucoup d'autres mélanges qu'il serait trop long d'énumérer ici.

L'indigo est extrait principalement d'une plante du genre indigofera, de la famille des Légumineuses, et cultivée au Japon, en Chine, dans les Indes, en Egypte et dans certaines colonies d'Amérique.

L'analyse des tiges de cette plante a fait connaître que leur suc contenait de l'indigo au minimum d'oxidation, de la matière végéto-animale coagulable par la chaleur, une certaine quantité d'une matière verte et d'une matière jaune extractive, toutes deux solubles dans l'alcool, du mucilage, un sel calcaire et des sels alcalins. La fécule verte, substance tenue en suspension dans le suc non filtré, renferme de l'indigo, de la cire, de la résine verte, de la matière animale et une substance rouge particulière. Le marc exprimé est formé, pour la plus grande partie, des débris ligneux de la plante.

Pour préparer l'indigo, on coupe les feuilles de la plante parvenue à sa maturité. On met ces feuilles dans une cuve contenant de l'eau en quantité suffisante pour recouvrir ces feuilles de dix centimètres environ. On maintient ainsi les feuilles au moyen de planches chargées de poids. Bientôt la fermentation s'établit, la liqueur devient verte, un peu acide, se couvre de bulles et offre à l'œil un grand nombre de pellicules irisées ; on la fait écouler alors dans une autre cuve placée plus bas que la première ; on l'agite et on y ajoute de l'eau de chaux qui facilite la séparation de l'indigo. Le dépôt opéré, on décante la liqueur, on lave l'indigo par décantation, puis on le fait égoutter et sécher à l'ombre.

On peut, en procédant de la même façon, extraire l'indigo du pastel ou *isatis tinctoria*, avec cette différence qu'il faut, après avoir lavé le précipité produit par la chaux, le traiter ensuite par l'acide hydrochlorique faible et laver plusieurs fois de nouveau.

On connaît dans le commerce trois sortes d'indigo : l'indigo flore ou guatimala (le plus pur et conséquemment le plus cher) ; il est plus léger que l'eau ; l'indigo cuivré ; et enfin l'indigo commun.

On parvient à purifier les trois espèces presque complétement en les traitant tour à tour par l'eau, l'alcool et l'acide hydrochlorique. Mais si l'on veut avoir cette matière colorante totalement dégagée de toutes matières étrangères, il vaut mieux suivre une méthode qui consiste à mettre de l'indigo ordinaire réduit en poudre dans un creuset d'argent, exactement fermé, et ensuite placé sur des charbons embrasés. L'indigo se sublime et s'attache en cristaux sur la partie moyenne du creuset.

Enfin, on peut encore obtenir de bons résultats en faisant dissoudre l'indigo du commerce dans le sulfate de fer et les alcalis. En décantant la dissolution bien

claire et en l'agitant dans l'air, l'indigo absorbera l'oxigène, deviendra insoluble et formera une espèce d'é-
cume qu'il suffira de laver à l'acide hydrochlorique et
ensuite avec de l'eau.

Les beaux indigos de la Nouvelle-Espagne sont les
seuls qui donnent les bleus vifs et clairs. On se sert de
ceux des autres pays, et principalement de ceux qui
proviennent de Saint-Domingue, pour les bleus foncés
qui doivent rester en cette couleur.

On falsifie souvent les indigos, soit avec de l'argile,
de la chaux, etc. Il est facile de reconnaître cette fraude
en faisant chauffer ces indigos, sur une pelle, à une
température au-dessous du rouge; les matières étrangères restent sur la pelle, et l'indigo n'y laisse qu'une
sorte de charbon, qui finit par s'incinérer.

L'indigo proprement dit s'emploie rarement seul; on
lui associe communément le pastel ou le vouède, plantes qui croissent : la première dans les départements du
Midi de la France, la seconde en Normandie.

CHAPITRE III.

DES TEINTURES EN GÉNÉRAL

§ Ier. — TEINTURES ROUGES.

La garance, la cochenille, le bois de Brésil et le carthame sont les substances qui servent principalement à
la composition des couleurs rouges.

La garance est cultivée avec succès en Alsace et dans
plusieurs départements du Midi de la France. Les racines seules sont employées en teinture. On les arrache

lorsqu'elles ont atteint leur troisième année, après quoi il faut les trier, les sécher, enlever leur épiderme, les réduire en poudre. Cette poudre est d'un rouge jaunâtre. On la renferme dans des tonneaux bien secs où elle finit par s'agglutiner au point qu'il faut la couper à la hache lorsque l'on veut s'en servir. On trouve pourtant dans le commerce des tiges entières de garance. Celles qui offrent à l'œil des cassures d'un jaune rougeâtre très-vif et dont le diamètre est égal à celui du tube d'une plume naturelle, doivent être préférées.

La matière colorante contenue dans la garance est d'un jaune fauve, très-soluble dans l'eau. Elle contient aussi une autre matière colorante d'un rouge vif qui ne se dissout en partie dans l'eau qu'à la faveur de la matière jaune.

La garance sert principalement à la teinture en rouge du lin et du coton. On obtient deux sortes de couleurs, qui sont le rouge de garance et le rouge d'Andrinople qui, jadis, était l'objet d'un monopole en faveur des fabriques du Levant. Ce dernier rouge est plus vif que l'autre.

On obtient avec la garance, les sels alumineux et les sels de fer, toutes les nuances comprises entre le rouge clair et le rouge foncé et entre le violet clair et le noir.

La garance sert aussi à teindre la laine. Que l'on plonge une partie de laine alunée dans un bain composé de trente parties d'eau pour une partie de garance, et l'on obtiendra des couleurs d'un rouge plus ou moins fauve, qui varieront d'ailleurs en raison de l'espèce de la garance, du temps que durera l'opération et de la température plus ou moins élevée à laquelle elle sera faite.

En traitant d'abord la garance par de l'eau chargée de carbonate de soude pour en séparer la matière colorante fauve, et ensuite par une dissolution d'hydrochlorate d'étain et de crême de tartre, on doit obtenir un bain qui donne de très-beau rouge avec la laine et la soie alunées préalablement.

On prépare encore avec la garance une laque pouvant remplacer la laque carminée. On lave la garance à l'eau froide, jusqu'à ce qu'elle ne colore plus l'eau ; on la met ensuite en contact, pendant vingt-quatre heures, à la température ordinaire, avec une dissolution d'alun. Cette dissolution prend une teinte rouge foncée. On en précipite alors la laque par une faible dissolution de carbonate de soude. Les premières portions obtenues étant plus belles que les dernières, il faut fractionner les produits. Mais il faut avoir le plus grand soin de ne pas mettre trop de carbonate, car un excès de cette substance rendrait la laque légèrement violette. Après avoir lavé la laque à grande eau, on la recueille et on la fait sécher à une chaleur modérée.

Les couleurs données par la garance sont très-solides ; de tous les rouges, ceux de garance sont les moins altérables.

Le bois de Brésil, qui prend son nom du lieu où il nous est d'abord venu, est très-dur, pesant, compacte. Il est extérieurement rouge, pâle à l'intérieur, lorsqu'il est fendu nouvellement. Il possède une saveur sucrée et une odeur aromatique ; sa décoction est d'un beau rouge qui tourne au violet par les alcalis, tandis que les acides agissent sur elle diversement.

Le bois de Brésil est fréquemment employé en teinture. Il donne à la laine un rouge très vif. Par lui, on imite assez bien les cramoisis obtenus sur la soie au moyen de la cochenille.

Pour la teinture en rouge de la laine, en prenant par exemple pour base six parties de laine, on met dans une cuve une partie de bois de Brésil, du fernambouc qui est le plus estimé de tous ; puis on y verse quinze à vingt parties d'eau ; on fait bouillir de trois quarts. d'heure à une heure ; on trempe alors la laine dans le bain bouillant ; on l'y laisse pendant un espace de temps à peu près égal ; après quoi on la retire, on la lave et on la met sécher.

Pour l'imitation de cramoisi sur soie, on travaille d'après les mêmes proportions que pour la laine ; on prépare le bain de la même manière ; mais on n'y plonge la soie qu'à une température de trente à soixante degrés, selon les cas ; on l'y laisse pendant une heure et demie ; enfin, lorsqu'on l'en a retirée, on la passe dans une dissolution alcaline pour lui donner le cramoisi.

Si l'on emploie du bois de qualité inférieure, on peut épurer le bain en y ajoutant du lait écrémé ; la matière caséeuse en se coagulant entraîne la couleur fauve.

L'expérience a prouvé que la décoction de bois de Brésil, nommée communément jus de Brésil, produit de moins bons effets en teinture, lorsqu'elle est récente que lorsqu'elle est vieillie et fermentée.

La décoction de bois de Brésil, sert aussi à la teinture du coton, du lin et du chanvre.

Mais, quelle que soit la matière sur laquelle les couleurs tirées de cette substance sont appliquées, elles sont généralement peu solides.

Dans le chapitre que nous avons consacré aux matières colorantes, nous nous sommes déjà occupé de la cochenille qui contient la carmine. Il nous reste à nous occuper de la matière animale et des phénomènes que présente sa dissolution mise en contact avec différents corps.

La cochenille est un insecte qui vit sur plusieurs espèces de cactus, et dont on distingue deux variétés : la cochenille sylvestre et la cochenille fine ou mestèque, qui nous viennent toutes deux du Mexique.

La cochenille sylvestre, plus petite que la cochenille fine, est revêtu d'un duvet cotonneux qui augmente inutilement son poids ; mais ce désavantage est compensé par la facilité avec laquelle on élève cette première variété.

La cochenille se récolte facilement : à une certaine époque, on l'enlève de dessus les cactus; on la fait mourir dans l'eau bouillante; puis on la fait dessécher au soleil. Celle qui est fine doit être passée à travers un crible pour la dégager des bourres du coton des larves des mâles ; elle prend alors l'aspect d'une petite graine grise et pourprée.

L'analyse de la cochenille a démontré qu'elle était composée de carmine et de diverses autres matières dont nous avons parlé plus haut.

Lorsque la cochenille a été traitée un grand nombre de fois par l'éther et l'alcool, si on la traite ensuite par l'eau, à plusieurs reprises, dans le digesteur, on finit bientôt par en dissoudre toute la matière colorante ; on dissout en même temps les dernières portions de matière grasse et un peu de matière animale : le résidu est la matière animale pure. Cette matière est blanche ou brunâtre, translucide, insoluble par elle-même dans l'alcool, l'éther ou les huiles ; peu soluble dans l'eau, plus dans l'ammoniaque ; très soluble dans la potasse ou la soude en liqueur.

Malgré son peu de solubilité dans l'eau, elle en est précipitée par tous les acides, sous forme de flocons blanchâtres; elle l'est aussi par tous les sels avec excès d'acide et même par les sels neutres ; mais alors elle s'empare tout à la fois de l'acide et de l'oxide; c'est ainsi qu'elle agit sur les sels de plomb, d'étain, de cuivre et d'argent.

Mêlée à la carmine, elle est encore précipitée par les acides et par un grand nombre de sels. Tous les précipités, et ceci est digne de remarque, se trouvent contenir beaucoup de carmine, quoique celle-ci soit très-soluble dans l'eau ; aussi ces précipités sont-ils très-colorés. Le carmin parfaitement pur n'est même qu'un composé triple de matière animale, de carmine avec adjonction d'un acide.

La cochenille est principalement employée pour la teinture en écarlate de la laine et de la soie, comme aussi pour teindre les mêmes matières en couleurs qui approchent le plus de celle-ci et du cramoisi.

On prépare avec la cochenille le carmin et la laque carminée.

La laque carminée, dont la teinte est toujours plus ou moins violette, s'obtient de la même manière que toutes les autres laques ; pour obtenir un beau rouge, il conviendrait d'en faire la préparation en agitant de l'alumine en gelée avec une décoction de cochenille.

Quant au carmin, il se prépare, soit en versant dans une décoction de cochenille une certaine quantité de solution d'alun, soit en employant au lieu d'alun de l'oxalate acide de potasse.

§ II. — TEINTURES JAUNES.

Pour teindre en jaune, on se sert généralement de la gaude, du quercitron, du bois jaune et du chromate de plomb.

La gaude, nommée aussi quelquefois vaude, croît dans presque toutes les contrées de l'Europe où on la cultive avec soin, en raison de son fréquent emploi en teinture. La gaude cultivée est beaucoup plus estimée que la gaude sauvage ou bâtarde, qui croît naturellement et presque naturellement dans plusieurs contrées.

Parvenue à sa maturité, on l'arrache, on la fait sécher et on la met en bottes; c'est sous cet état qu'elle est employée. Toute la plante, excepté la racine, sert à teindre en jaune.

La matière colorante de la gaude est très-soluble dans l'eau. Une décoction de gaude bien chargée a une couleur tirant sur le brun; étendue d'eau, elle s'éclaircit et tire un peu sur le vert; les alcalis foncent la teinte, tandis que les acides l'affaiblissent; l'hydrochlorate d'étain y produit un précipité abondant d'un jaune clair.

La gaude s'emploie pour teindre en jaune franc et solide la soie, la laine et le coton; la matière colorante en est fixée par l'alun.

Pour avoir une décoction de gaude, on fait bouillir deux parties de cette matière dans trente à trente-cinq parties d'eau pendant dix minutes à peu près. On passe ce bain dans une toile serrée et on y plonge une partie de soie alunée avec de l'alun bien pur. L'immersion ayant duré un quart-d'heure, on doit obtenir un jaune

très-beau et très-intense. Pour teindre le coton dé-
creusé et aluné, l'immersion doit être prolongée; pour
teindre la laine, on emploiera le bain presque bouillant,
tandis que pour la soie et le coton, on ne devra le faire
qu'à une température variant de 30 à 75°, suivant les
cas.

Les couleurs de gaude sont très-solides.

Le quercitron est l'écorce du *quercus nigra*. Avant
de le réduire en poudre, on en sépare avec soin l'épiderme, qui donnerait une couleur brunâtre.

La couleur qu'il donne se rapproche de celle de la
gaude; mais le quercitron est bien plus riche en matière
colorante. La proportion qu'on obtient est au moins de
huit parties pour une.

Cette matière est de deux sortes : l'une fauve, l'autre
jaune; celle-ci est la plus soluble dans l'eau; de là la
nécessité d'éteindre promptement et de ne point porter
le bain à l'ébullition. Ce bain offre les mêmes phénomènes que celui de gaude, si ce n'est que le précipité
produit par l'hydrochlorate d'étain est d'un jaune vif.
La partie colorante du quercitron prend, par le tartre,
une teinte jaune verdâtre, et par le sulfate de fer une
couleur olive-foncée.

On obtient un beau jaune en traitant une partie du
quercitron par quinze parties d'eau à une température
de 50 à 60°. Au bout de dix minutes environ, on passe
la dissolution dans un tamis très-fin et on y plonge pendant un espace de temps égal dix parties de laine préalablement alunée et imprégnée d'hydrochlorate d'étain.
L'alunage a lieu en la manière ordinaire, si ce n'est
qu'on ajoute au bain de l'hydrochlorate d'étain en
quantité égale au quart de l'alun employé.

La matière colorante du quercitron s'applique bien aussi à la soie. On alune d'abord, puis on teint, à une température de 30 à 35°, dans un bain composé avec deux parties au plus de quercitron pour douze parties de soie. On avive la couleur en ajoutant vers la fin de l'opération un peu de craie ou de potasse.

La gaude paraît d'ailleurs préférable au quercitron pour la teinture de la soie ; tandis que ce dernier doit avoir l'avantage s'il s'agit de teindre des toiles d'impression.

Le bois jaune nous arrive des Antilles et surtout de Tabago, sous forme de gros tronçons. Il est léger, peu compacte et d'un jaune veiné orange.

Le bois jaune est très-riche en matière colorante. Une partie suffit pour teindre vingt parties de drap. Ce bois réduit en copeaux est placé dans un sac. On plonge ce sac dans vingt-cinq à trente parties d'eau bouillante. On peut, pour aviver le bain, y plonger des rognures de copeaux séparées. Puis on y passe l'étoffe préalablement alunée.

Cette décoction est d'un jaune rougeâtre foncé ; la teinte en est affaiblie par les acides et rendue presque rouge par les alcalis ; l'hydrochlorate d'étain y forme un précipité d'un beau jaune.

Pour teindre la laine, la soie, le coton, le lin et le chanvre dans l'orpiment, on le dissout dans l'ammoniaque liquide et concentrée ; on étend le bain, qui est sans couleur, d'une quantité convenable d'eau, on y plonge le corps à teindre et lorsqu'il est bien imbibé, on le retire et on l'expose à l'air. L'ammoniaque se dégageant, le corps, d'incolore qu'il était, prend une couleur jaune dont la nuance peut s'étendre depuis le jaune doré jusqu'au jaune souci. Cette couleur est vive et solide; mais, comme elle ne peut résister au savon, on ne peut malheureusement l'employer que sur les étoffes qui ne doivent pas être soumises au lavage.

On donne en minéralogie et en chimie le nom de chrôme à une matière existant à l'état d'acide dans le plomb rouge de Sibérie. Ce nom de chrôme est tiré d'un mot grec qui signifie couleur.

Lorsqu'on plonge pendant un quart-d'heure, de la soie, de la laine, du coton ou du lin dans une faible dissolution de sous-acétate de plomb, à une température de 55 à 60°, et qu'après avoir lavé ces substances à grande eau, on les fait tremper dans une autre solution, aussi faible que la première, de chromate neutre de potasse, elles prennent une couleur jaune qui, au bout de dix minutes, atteint son maximum d'intensité.

La couleur ainsi obtenue manque de beauté; mais si l'on plonge les matières dans l'acide acétique, elles deviennent promptement d'une couleur jaune-citron fort agréable à l'œil. En substituant l'acétate neutre de plomb au sous-acétate, on obtient de suite une belle couleur jaune bouton-d'or. Le nitrate de plomb cristallisé produisant les mêmes effets, on prépare une assez grande quantité de ce sel pour les fabriques où l'on s'occupe de la teinture en jaune de chrôme.

Les couleurs obtenues avec cette matière sont inaltérables au savon froid, et si le savon à la chaleur de l'ébullition en affaiblit la teinte, son intensité et tout son éclat lui sont rendus au moyen du vinaigre.

Les couleurs tirées du chromate de plomb se détruisent complétement par le carbonate de soude et l'acide hydrochlorique.

On obtient sur la laine, avec le fernambouc, un jaune beau et solide, en procédant de la manière ordinaire, et en plongeant ensuite la matière dans une solution très-étendue et bouillante de phosphate acide de chaux.

On emploie aussi l'acide nitrique pour teindre la soie en jaune et pour faire des dessins jaunes sur la soie teinte en bleu ou en rouge.

On procède de la manière suivante :

Avec de l'amidon grillé, on épaissit de l'acide nitrique pur à 24°, on l'imprime, et, avant que l'impression soit sèche, on met la soie, à la température de 100°, sur une plaque de cuivre chauffée à la vapeur ; la partie imprimée prend alors une couleur jaune-citron. Après lavage et passage dans une faible lessive, un peu caustique, la première teinte se transforme en couleur jaune orangée.

§ III. — TEINTURES BLEUES.

Les teintures bleues s'obtiennent avec l'indigo, le campêche et le bleu de Prusse.

Il y a deux manières de teindre avec l'indigo :

La première consiste à dissoudre l'indigo dans l'acide sulfurique concentré qu'on étend de cent à cent cinquante parties d'eau pour en précipiter la matière colorante. Puis ensuite, on plonge dans la dissolution la matière à teindre à une température plus ou moins élevée, selon qu'on veut obtenir une teinte plus ou moins foncée ; ensuite on lave le corps teint et on le fait sécher. Quatre parties d'acide suffisent pour une partie d'indigo.

Les bleus ainsi obtenus sont appelés bleus de Saxe,

par la raison que c'est en Saxe que les premières expériences et applications ont été faites.

L'autre manière d'unir l'indigo aux fils et tissus est de le ramener au minimum d'oxidation, de faciliter sous cet état sa dissolution dans l'eau par un alcali, et de mettre alternativement et à plusieurs reprises le corps à teindre en contact d'abord avec le bain de teinture à une température de 40 à 45°, et ensuite avec l'air. A sa première sortie du bain, le corps paraît jaunâtre, bientôt il devient vert, et passe enfin entièrement au bleu.

On teint en bleu solide au moyen de trois sortes de cuves : la cuve au vitriol, la cuve d'Inde et la cuve au pastel.

Pour composer la cuve au vitriol, on prend, pour une quantité de trois cents litres d'eau, deux kilogrammes d'indigo, deux kilogrammes et demi de sulfate de fer du commerce, deux kilogrammes de chaux et cinq cents grammes de soude. On commence par réduire l'indigo en poudre très-fine et à éteindre la chaux ; ensuite on lessive la soude et on dissout le sulfate de fer. On verse l'eau, l'indigo, la chaux, la soude et le sulfate de fer dans une chaudière assez profonde ; on remue ce bain qu'on élève à une température de 40 à 50° qui doit rester la même pendant vingt-quatre heures. Pendant les deux premières heures il faut remuer avec soin le mélange. Lorsque la dissolution est bien opérée, on y passe le corps à teindre. Lorsque le bain commence à s'affaiblir, on y ajoute deux kilogrammes de sulfate de fer et un kilogramme de chaux vive, pour redissoudre la portion d'indigo qui s'est oxigénée et précipitée par son contact avec l'air. Quelque temps après cette addition, il devient nécessaire d'y ajouter de l'indigo.

La cuve d'Inde est composée d'un mélange de six kilogrammes d'indigo, six kilogrammes d'alcali, deux kilogrammes de son et deux kilogrammes de garance pour cent seaux d'eau. Après avoir délayé dans l'eau l'alcali, la garance et le son, on fait bouillir cette eau pendant quelque temps ; on porte ensuite la liqueur et le marc dans une chaudière conique placée sur un fourneau convenable à cet usage ; puis, on ajoute l'indigo bien broyé, on agite avec soin, on couvre la cuve et on fait un peu de feu autour. On agite ensuite de nouveau le bain, opération qu'on doit renouveler toutes les douze heures et jusqu'à ce que ce bain soit propre à la teinture, ce qui a lieu ordinairement après quarante-huit heures. Le bain doit être d'un beau jaune, couvert de plaques cuivrées et d'écume bleue. A mesure qu'on teint, il s'affaiblit par l'oxigénation et la précipitation d'une grande partie de matière colorante qu'on redissout en faisant bouillir une portion de la liqueur de la cuve, et en y ajoutant le quart de la quantité d'alcali, le quart de la quantité de son et le quart de la quantité de garance employés primitivement, et en versant le mélange dans la cuve même. Lorsque l'indigo est lui-même épuisé, on en ajoute une nouvelle quantité.

La cuve au pastel se compose pour 3,000 litres d'eau, de 150 kilogrammes de pastel, 4 kilogrammes 1/2 de garance, 750 grammes de chaux, 9 kilogrammes d'indigo trempé dans une lessive alcaline caustique à 6° et broyé.

On fait bouillir dans une chaudière, pendant une heure, l'eau et la garance. On transvase la liqueur dans une cuve en bois où se trouve le pastel bien divisé,

Cette cuve doit être dans un lieu bien clos et enfoncée en terre à hauteur d'appui. On agite avec soin en transvasant et encore pendant un quart-d'heure après cette partie du travail.

La cuve bien couverte, on laisse six heures en repos, puis on agite pendant trente minutes, opération qu'on répète toutes les trois heures, jusqu'à ce que des veines bleues apparaissent à la surface de la cuve; alors on ajoute de la chaux, et aussitôt de l'indigo broyé. On agite encore le bain deux fois pendant l'espace de six heures, et on le laisse déposer; il prend une couleur jaune d'or. On y passe l'étoffe, après avoir préalablement garni le fond de la cuve d'un treillis en grosse corde pour empêcher le corps à teindre de toucher au dépôt.

A partir du moment où la cuve sert à la teinture, il faut y verser chaque jour cinq cents grammes de chaux éteinte, et tous les deux jours, faire réchauffer le bain pour l'entretenir à une température de 36 à 50.

La teinture en bleu par le campêche ne s'emploie que pour la laine; on procède comme pour le rouge de Brésil, si ce n'est qu'on ajoute au bain une certaine quantité d'alcali. On peut employer, pour une partie de laine alunée, 1/6 de partie de bois de campêche, quinze à vingt parties d'eau et 1/20 de partie d'alcali.

La teinture en bleu de Prusse s'emploie pour la soie, et de la manière ci-après indiquée : On plonge la soie décreusée dans de l'eau contenant environ la vingtième partie de son poids de sulfate de peroxide de fer, on la lave, on la met pendant trente minutes dans un bain de savon très-chaud, presque bouillant, on la lave de nouveau et on la met à froid dans une très-faible dissolution de prussiate ferrugineux de potasse, acidulée par l'acide sulfurique ou l'acide hydrochlorique. Au bout d'un quart-d'heure, la soie est colorée et n'a plus besoin que d'être lavée et avivée par une eau très-légère de carbonate d'ammoniaque, et ensuite séchée.

Cette couleur peut aussi s'appliquer à la laine, mais les résultats qu'on obtient sont peu satisfaisants.

§ IV. — TEINTURES EN NOIR ET EN GRIS.

La matière colorante de cette teinture est un composé de peroxide de fer, d'acide gallique et de tannin ; elle est insoluble dans l'eau. Sa couleur naturelle est d'un gris-violet et elle en paraît noire qu'autant qu'elle est concentrée ; par conséquent, en fixant une grande quantité de cette matière sur les étoffes, elles paraîtront noires ; et en en fixant de moins en moins, elles passeront du gris-violet le plus foncé au plus clair ; exemple : une partie de coton tenue pendant deux heures dans un bain composé de quinze parties d'eau bouillante, un huitième de partie de noix de galle en poudre et autant de campêche, et plongée ensuite pendant deux ou trois heures dans un bain presque bouillant formé de quinze parties d'eau et d'une partie de pyro-lignate de fer, on obtiendra un noir très-foncé. On aura une teinte grise si l'on emploie deux fois moins de noix de galle, de campêche et de pyrolignate. Dans la teinture en grand, on commence par donner un pied de bleu à la laine, au coton et au lin qu'on veut teindre, puis on les combine avec le principe astringent d'une substance quelconque, et on les passe enfin dans un bain formé de sulfate de fer, de vert-de-gris et de campêche. Quant à la soie, elle ne reçoit jamais de pied de bleu.

§ V. — TEINTURES EN COULEURS COMPOSÉES.

Les procédés employés pour obtenir ces couleurs consistent généralement à plonger le corps à teindre successivement dans divers bains colorants, ou dans un seul et même bain composé de diverses matières colorantes ; les verts se font tous ainsi, en passant les fils ou tissus, d'abord dans un bain bleu, ensuite dans un bain jaune.

Beaucoup d'autres couleurs, telles que le violet, le colombin, le lilas, l'amaranthe, le pourpre, etc., se préparent en fixant sur l'étoffe une plus ou moins grande quantité de bleu et de rouge ; le coquelicot, la couleur brique, l'aurore, les cannelles, les mordorés, en l'imprégnant de rouge et de jaune.

Sans vouloir entrer ici dans de plus longs détails sur les divers genres de teinture, nous renverrons le lecteur à la partie de notre livre spécialement consacrée à servir de guide aux teinturiers dans leurs opérations si nombreuses, si difficiles et si délicates.

CHAPITRE IV.

DES AGENTS CHIMIQUES EMPLOYÉS EN TEINTURE

Oxide d'Aluminium (alumine). On obtient l'alumine en versant un excès de potasse ou d'ammoniaque dans une dissolution d'alun.

L'alumine se précipite en flocons blancs : on lave et on la fait sécher, à moins qu'on ne veuille la combiner aux acides auxquels elle s'unit plus facilement lorsqu'on la leur présente en gelée.

L'alumine combinée aux acides forme différents sels qui sont de la plus grande utilité dans la teinture.

Oxide de calcium (chaux). S'emploie en teinture pour préparer l'*eau de chaux* et pour rendre caustiques la potasse et la soude, c'est-à-dire pour enlever à ces deux substances l'acide carbonique pour lequel il a une plus forte attraction.

Oxide de sodium (chaux). Sert pour le blanchîment et quelques opérations de teinture.

Ammoniaque (alcali volatil). L'ammoniaque se combien aux acides et forme avec eux différents sels, mais elle est soluble dans l'eau, comme les oxides de calcium, et elle partage en outre avec eux, la propriété de verdir fortement le sirop de violettes.

Oxide de potassium (potasse). Ses propriétés sont les mêmes que celles de l'oxide de sodium.

Oxide d'étain. Le protoxide et le deutoxide d'étain entrent dans la composition de plusieurs sels et de plusieurs dissolutions qui rendent de grands services dans la teinture.

Oxide de plomb. Il se dissout dans la potasse, la soude et les huiles. En le fesant dissoudre dans l'huile de lin à l'aide de la chaleur, il forme *l'huile de lin cuite*, qui sert à préparer le *lut gras*, dont on fait usage dans le procédé de blanchîment par le *chlore*.

Des trois oxides de plomb, le protoxide est le seul qui puisse se combiner aux acides. De cette combinaison résultent quelques sels dont le teinturier sait tirer un parti utile.

Oxide de cuivre. Le deutoxide combiné à l'acide

sulfurique, forme le *vitriol bleu*, connu sous le nom de *deuto-sulfate-de-cuivre*.

Oxide de fer. Le protoxide, le deutoxide et le tritoxide sont susceptibles de se combiner avec divers acides et de former des sels dont l'usage est précieux en teinture.

Acide sulfureux. On se sert de l'acide sulfureux *à l'état de gaz*, pour blanchir les étoffes de laine, ainsi que les soies destinées à la fabrication des étoffes de soie qui doivent rester blanches.

Acide sulfurique (vitriol). L'acide sulfurique est employé pour extraire le gaz qui sert à blanchir le coton, pour donner du vif au bleu de cuve à froid, pour obtenir de belles nuances de bleu, avec le prussiate de potasse, et pour dissoudre l'indigo.

Acide nitrique (eau forte). On ne s'en sert guère en teinture qu'à 28 ou 30°.

On l'emploie pour dissoudre les métaux, l'étain par exemple.

L'acide nitrique du commerce n'est que de l'acide nitreux souvent mêlé d'acide hydrochlorique ; mais ce mélange nuit peu aux opérations de la teinture.

Acide hydrochlorique (acide muriatique). L'acide nitrique affaibli ne fait que se mêler à l'acide hydrochlorique, lorsque celui-ci est affaibli. Mais si les deux acides sont concentrés, ils se décomposent en partie, même à froid, et il en résulte un liquide d'un rouge jaunâtre, connu autrefois sous le nom d'*eau régale* (acide nitro-hydrochlorique).

L'eau régale sert à dissoudre un grand nombre de métaux, et surtout pour préparer la dissolution d'étain nommée dans les ateliers *composition mordant d'étain*.

Acide acétique (vinaigre). Cet acide sert à préparer une fonte de sels très employés en teinture, tels que l'acétate de fer, l'acétate de cuivre et l'acétate de plomb.

Acide citrique. L'acide citrique ne s'emploie dans la teinture que lorsqu'il est dissous dans l'eau. Il sert particulièrement pour teindre le coton en rose par le safran.

Acide tartrique. Cet acide, beaucoup moins cher que l'acide citrique, peut quelquefois le remplacer.

Acide oxalique (sel d'oseille). On se sert de l'acide oxalique dans la fabrication des toiles peintes pour détruire les couleurs à base de fer : on l'emploie aussi pour enlever les taches d'encre.

Acide gallique. L'usage de l'acide gallique et du tannin en teinture est fondé sur la propriété dont jouissent l'une et l'autre substance d'avoir, en même temps, une grande affinité pour certaines matières colorantes, et pour certaines étoffes, et de servir par cette raison à y fixer ces couleurs avec plus ou moins de solidité, de décomposer un assez grand nombre de dissolutions salines, de s'unir par les lois de l'affinité aux oxides métalliques et de produire certaines couleurs qui acquièrent même de la solidité. C'est ainsi qu'en mêlant de la noix de galle à la dissolution d'un sel ferrugineux, il se forme une combinaison de l'acide gallique et du tannin avec le peroxide de fer, combinaison qui donne une couleur d'un bleu si foncé, qu'il paraît noir et qu'il est en même temps très solide.

Sulfate de fer (couperose verte). Ce sulfate sert à faire des teintures en noir, en gris, pour les couleurs olives, les brunitures, les violets, etc. Il sert à monter les cuves de bleu à froid et à fabriquer l'encre.

Sous-sulfate de cuivre (vitriol de Chypre). Employé en teinture pour obtenir une foule de couleurs, telles que le violet, le lilas, etc.

Sous-sulfate d'alumine et de potasse (alun). Un des sels les plus utiles en teinture. Il sert à préparer divers mordants, et il est lui-même un mordant précieux pour beaucoup de couleurs, parce qu'il a beaucoup d'affinité pour les parties colorantes, avec lesquelles il se fixe plus ou moins solidement sur les étoffes.

Nitrate de potasse (nitre ou salpêtre). On l'emploie quelquefois dans la préparation des mordants pour l'impression des toiles.

Nitrate de fer. Le deuto-nitrate et le trito-nitrate de fer sont très-employés dans l'impression des toiles, pour préparer les mordants de noir.

Hydrochlorate de soude (sel de cuisine). On l'emploie pour préparer le chlore et il sert aussi pour blanchir le fil ou le coton.

Hydrochlorate d'ammoniaque (sel ammoniac). Le sel ammoniac entre dans la préparation de quelques *mordants*, il sert aussi à faire la dissolution d'étain.

Hydrochlorate d'étain. Agent très-utile en teinture; il sert à donner plus de solidité à certaines couleurs, à changer la nuance de quelques autres. Son usage principal est dans le *rosage* du rouge des Indes.

Le deuto-hydrochlorate d'étain sert à peu près aux mêmes usages que le proto-chlorate. Le premier de ces deux sels est même plus fréquemment employé comme mordant que le second.

Nous indiquons quelques préparations de *mordants* :

« N° 1. — Dans 500 grammes d'acide nitrique à 24° de l'aréomètre de Beaumé, on fait dissoudre d'abord deux onces de sel ammoniaque en poudre, puis successivement et par petites parties, deux onces d'étain pur et effilé ou au moins grenaille. La dissolution étant faite, on laisse reposer quelques heures ; on décante le clair et on y ajoute un quart en poids d'eau pure.

» N° 2. — On fait dissoudre 80 grammes d'étain dans 500 grammes d'eau régale ou d'acide nitro-hydrochlorique, composé avec 160 grammes d'acide nitrique à 24°, et 300 grammes d'acide hydrochlorique à 22 ou 24°.

» N° 3. — On fait dissoudre 30 grammes d'étain dans une eau régale, composée avec 130 grammes d'acide nitrique et 60 grammes d'acide hydrochlorique, et à laquelle vous aurez ajouté 70 grammes d'eau.

» N° 4. — Faites dissoudre du sel d'étain et de l'eau et ajoutez quantité suffisante d'acide nitrique pour rendre limpide la dissolution.

» Cette dissolution s'emploie surtout pour les rouges de Brésil.

» N° 5. Acide hydrochlorique   180 grammes.
         Acide nitrique   240   —
         Eau pure   240   —
         Etain grenaillé   120   —
         Sel de saturne   30   —

» Cette dissolution sert pour les jaunes.

» N° 6. Acide nitrique   1000 grammes.
         Acide hydrochlorique   1500   —
         Etain   500   —
         Sel de saturne   200   —

» Employez la dissolution à 6 degrés seulement.

» Elle convient pour faire les rouges de Brésil, de Sainte-Marthe et de Nicaragua. »

Acétate d'alumine. L'acétate d'alumine se prépare comme suit : dans huit parties d'eau chaude, on fait dissoudre trois parties d'alun et une partie d'acétate de plomb, on y ajoute ensuite un huitième de partie de potasse et autant de craie ; on agite et on décante après quelques heures. Ce liquide doit marquer 7 à 8 degrés. L'acétate d'alumine remplace l'alun dans quelques circonstances.

Ce mordant s'applique à froid, ou tout au plus à 15 ou 20 degrés. On l'emploie pour l'impression des toiles.

Acétate de cuivre (vert de gris). L'acétate de cuivre entre dans la composition de plusieurs mordants et sert en outre à virer certaines couleurs. Quoiqu'il puisse être remplacé dans tous les cas par le sulfate de cuivre, cependant on le préfère à ce dernier sel, parce qu'il cède plus facilement sa base aux diverses étoffes.

Acétate de fer. Ce mordant est précieux en teinture.

Sous-carbonate de potasse (potasse du commerce). L'usage est des plus avantageux en teinture.

Sous-carbonate de soude (soude du commerce). La soude est d'un grand usage dans la teinture du rouge des Indes.

Sous-carbonate de fer (rouille de fer). Dissous par le vinaigre, il sert à préparer la tonne au noir.

Sous-carbonate de chaux (craie). Le sous-carbonate de chaux, utilement employé, peut corriger la trop grande acidité de quelques dissolutions dont l'acide sulfurique fait parti.

Tartrate acide de potasse (crème de tartre). Employé dans la teinture des laines. Toujours associé avec l'alun.

Prussiate de potasse. Le prussiate de potasse dissous dans l'eau, est le réactif le plus sensible pour reconnaître partout la présence du fer ; il sert aussi à donner à la soie et au coton un bleu magnifique, mais peu solide.

Orpiment (arsenic jaune). On se sert de la dissolution de l'orpiment, dans l'ammoniaque liquide et concentrée, pour teindre en beau jaune la laine, la soie et le coton.

Huile fixe. L'huile de lin cuite, préparée avec l'argile très-sèche et réduite en poudre, forme la composition nommée *lut gras*, et qui sert à luter les jointures des vaisseaux qui servent à dégager certains fluides aériformes ou gaz, et entre autres, le chlore, employé pour le blanchîment du lin, du chanvre et du coton.

Savons. Le savon blanc sert, en teinture, pour aviver plusieurs couleurs.

Le savon à base de soude, s'emploie pour terminer les opérations du blanchîment du fil et du coton.

CHAPITRE V.

DES DIVERSES TEINTURES.

Amaranthe. Rouge de pourpre velouté. Cette teinte s'opère comme celle du cramoisi en donnant aux étoffes un faible pied de bleu.

Azur. Oeil de bleu donné à certaine nuance claire.

Bain de bois de Brésil. Dans cent litres d'eau, mettre 6 kilogrammes de bois de Brésil moulu. Faire bouillir, écumer, transvaser et tirer à *clair*. Plus ces sortes de bains sont vieux, plus les teintes approchent

de la couleur de cochenille. On l'emploie dans les rouges *sang de bœuf*.

Bain de bois jaune. La couleur du bois jaune est
la plus solide, employée avec un mordant.

Bain d'écorce de bouleau. Riche colorant et adou-
cissant, employé dans beaucoup de couleurs.

Bain d'écorce de chêne. Cette écorce ou *tan*, sert
dans plusieurs teintures et notamment dans les *noirs*.
On laisse macérer dans une tonne bondonnée une certaine quantité d'écorce, qui, peu de temps après,
procure une teinte solide.

Bain de galle. Trois kilogrammes par 100 litres
d'eau. Ebullition de huit heures.

L'opération donne aux étoffes un principe astringent
et ôte la partie corrosive du sulfate de fer.

Bain de gaude. 250 à 2000 grammes de gaude par
kilog. de laine en soie.

Bleu. Les principales nuances sont les bleus *céleste*,
turquin, *azur*, *émail*, *roi*, *etc.*

Bleu fin. Bleu d'indigo, auquel on donne l'intensité
par le moyen de la cochenille et de l'alun.

Bois de campêche. Corrige la vertu astringente de
la noix de galle et surtout l'acreté du sulfate de fer ; il
rend le noir parfait et lui ôte le gris cendré.

Bouton-d'or. *Laine :* Bain d'alun et de tartre;
pied de bois jaune, bain de gaude avec acétate de cuivre ; et pour glacis écorce de bouleau. — *Soie :* bain
d'alun, pied de roucou ; brasser et lisser, bain de longue cuite de gaude et d'acétate de cuivre, un adoucissage de bouleau. — *Coton :* long bain d'alun ; sécher,
bain de gaude et d'acétate de cuivre, bain d'écorce de
bouleau, tordre et faire sécher.

Brun. Brou de noix, bouillon d'alun et de garance. Bon teint.

Cannelle. *Laine* : bois d'alun et de tartre ; bain de brou de noix de bois d'Inde et d'écorce de bouleau. — *Soie* : alun, bain de gaude et de bois de Brésil. — *Coton* : bain de gaude, d'acétate de cuivre ; puis, bain d'alun et de garance, aviver au savon et à l'écorce de bouleau.

Carmélite. *Laine* : Un restant de bain d'écarlate ; un bain d'alun et de tartre ; longue cuite de gaude et de bouleau. — *Soie* : alun, bain d'un tiers de gaude et d'un tiers de bois de Brésil.

Chair. L'alun, les doses de rose et de cochenille, forment la base de cette teinte.

Chamois. *Laine* : bain d'alun et de tartre ; bain de gaude et un glacis de bouleau. — *Soie* : roucou et cendre gravelée ; deux battures, brasser et lisser ; bain de gaude et dernier bain de bouleau.

Citron. La teinte de citron n'est qu'un mélange de deux parties jaunes et une de rouge faible. — *Laine* : bain d'alun et de tartre ; un restant de fond de bain de kermès, un bain neuf de gaude et d'acétate de cuivre, un glacis de bouleau. — *Soie* : faible bain de roucou ; brasser et lisser ; un fort bain de gaude, adoucissage de bouleau. — *Coton* : long bain d'alun ; sécher sans laver ; bain de gaude et d'acétate de cuivre, bain de bouleau.

Cochenille. L'avivage pour la cochenille est quelques gouttes d'acide sulfurique dans un bain d'eau tiède.

Cramoisi. *Laine* : 80 grammes d'alun et 45 grammes de tartre par livre de laine. Aussitôt ébullition de cette composition, y mettre la laine, l'y laisser deux heures. Faire un bain de cochenille, 30 grammes par livre de laine. Dans ce bain bouillant, y placer la laine, après une heure la laver. On peut faire diverses nuances en se servant de *savon, soude, potasse, cendre gravelée, ammoniaque* ou *sulfate de fer.* — *Soie* : Faire cuire la soie dans 2 1/2 kilog. de savon par 12 à 15 kilog. de soie; mettre dans ce bain du roucou; après lavage, mettre au bain d'alun pendant 8, 10 heures; lavage à grande eau; faire un bain de 60 grammes de noix de galle blanche pilée et tamisée par livre de soie; mettre 60 grammes de cochenille après une légère ébullition; ajouter 30 grammes de crême de tartre, puis une once de dissolution d'étain dans l'eau régale : remplir la chaudière d'eau froide; y plonger la soie, faire bouillir, pendant une 1/2 heure. Retirer la soie et la laisser une nuit dans un bain de soude; après bain au sulfate de fer, lavage à grande eau.

Cuve d'indigo à *froid pour coton, fil, velours,* ou à chaud pour *laine,* etc. Dans un tonneau de 500 litres, mettre 4 kilogrammes d'indigo et 4 kilogrammes de potasse qui ont subi une cuisson dans 12 à 15 litres d'eau; faire éteindre 4 kilogrammes de chaux; y faire dissoudre 8 kilogrammes de sulfate de fer; disposer l'étoffe dans l'eau tiède et la placer dans le tonneau.

La potasse et la soude sont préférables à la chaux; elles procurent aussi plus de solidité.

Cuve d'indigo cuivré, pour la *soie* : 4 kilogrammes d'indigo, 1 kilogramme de cendre gravelée dans un bain très-chaud; exprimer dans ce bain l'eau de 8 litres de son; faire bouillir dans une chaudière 2 kilogrammes de garance et 3 kilogrammes de cendre gravelée, réunir le tout ; faire bouillir jusqu'à ce que cette dissolution donne une teinte verte à un écheveau de soie, qu'on y plonge à titre d'essai. Laisser reposer deux à trois heures. Bain de savon. Pour une teinte foncée, il faut pour première préparation faire un bain d'acétate de cuivre, ou mieux un léger bain d'alun et un autre de cochenille.

Cuve d'indigo. Cuve de 100 litres.

Indigo, 4 kilogrammes.

Faire bouillir, dans 60 litres d'eau, 2 kilogrammes de cendre gravelée et 240 grammes de garance ; verser dans la cuve, la couvrir et maintenir la chaleur jusqu'à ce que le bain soit d'un vert foncé. Après, remplir la cuve d'eau de son chaude ; laisser cette dissolution en ébullition 24 heures.

Écarlate. Dans une cruche de grès, de la capacité de 15 à 20 litres. Mettre :

Eau	4 litres.
Sel ammoniac	1 kilogramme.
Limaille d'étain	1 —
Acide nitrique à 30	1 —
Salpêtre	60 grammes.

Boucher la cruche.

Remplir une chaudière de 20 à 30 litres d'eau claire et tiède ; y mettre par livre de laine à teindre :

Crême de tartre	60 grammes
Cochenille tamisée	8 —
Composition ci-dessus indiquée	60 —

Imbiber la laine d'eau tiède, la mettre dans ce bain, l'y laisser une heure, l'éventer et la laver ; la plonger dans le bain suivant qui doit être bouillant :

Amidon   **30 grammes.**

Cochenille   **20**   —

Composition ci-dessus indiquée 60   —

Exprimer, éventer et rincer à grande eau.

Écorce de bouleau. Son emploi préserve les étoffes des émanations de l'atmosphère et assure les couleurs. La laine passée à l'alun et à la noix de galle prend dans un bain d'écorce de bouleau, un ton de premier bain de garance.

Fiel de bœuf. En l'épaississant par la cuisson, il sert au dégraissage des étoffes de couleur.

Garance. Pour teindre la laine en rouge de garance, on emploie toujours l'alun et le tartre. Le bain de garance ne doit être employé que chaud ; plus on fait bouillir la garance, plus le rouge qu'elle donne est terne et briqueté. La garance est aux toiles ce que la cochenille est aux draps. Les acides nuisent à la beauté de la garance. La garance et le kermès ne prennent pas sur la soie. Les meilleurs mordants connus pour fixer sur coton sont l'acétate d'alumine, l'huile d'olive et la noix de galle.

Gaude. La gaude est la plus solide couleur jaune, lorsqu'elle a pour mordant l'alun ou la crême de tartre. Elle convient pour les verts solides, par l'emploi de l'écorce de bouleau.

Bain de gaude, *pour la soie*. Mettre dans une chaudière un kilogramme de gaude pour 1/2 kilogramme de soie. Deux bains à la soie ; après, faire fondre dans une seconde chaudière 1/2 kilogramme de cendre gravelée pour 10 kilogrammes de soie ; y plonger la soie. Si la teinte n'est pas convenable, ajouter au dernier bain très-peu de garance.

Gomme copale du Sénégal et gutte. Employées pour l'apprêt des gazes, crêpes, rubans, etc.

Gomme laque. Employée pour faire de l'écarlate.

Gris. — *Coton*. Noix de galle, alun, suie, bois des Indes, bouleau, cochenille avec manipulations ordinaires. — *Soie* : gaude, bois des Indes. Le sulfate de fer est la base générale du gris.

Jaune. — *Laine* : bain ordinaire de tartre et d'alun, à raison de 60 grammes d'alun et de 30 grammes de tartre par 1/2 kilogramme de laine. Mettre la laine dans un second bain de 2 1/2 kilogrammes de gaude. Avivage ordinaire. — *Coton* : Bain d'alun ; second bain de gaude ; troisième bain d'écorce de bouleau et de savon blanc. Avivage ordinaire. — *Soie* : après la cuite, bain d'alun ; bain de gaude à raison d'un kilogramme par 1/2 kilogramme de soie. En mettant un peu d'alun dans le bain de gaude, on accélère le travail. Faire un troisième bain chaud de cendre gravelée, un peu de roucou. Avivage à l'alun, gaude et garance. Le jaune clair n'exige qu'un demi bain d'alun. Savon, 10 kilogrammes pour 50 kilogrammes de soie.

Javelle. Mordant servant à blanchir les cotons et les toiles.

Kermès. Employé avec l'alun et le tartre, il donne une superbe couleur rouge de sang très solide, connue sous le nom d'écarlate de Venise.

Lilas. Orseille avec la cochenille et l'alun (voir violet).

Luzerne. Cette plante est employée en foin sec ; produit un bain jaune. Une étoffe passée dans un bain de luzerne, puis dans un bain de garance, devient d'un rouge tendre, clair et solide.

Noir. *Laine* : bain d'alun; bain de bois des Indes; bain de noix de galle; réunir les deux derniers bains, y ajouter 5 kilog. de sulfate de fer et 1 kilog. d'acétate de cuivre, y plonger l'étoffe, l'y laisser pendant une heure, la passer dans un dernier bain de sumac, de gaude et d'écorce de bouleau. Laver à grande eau. — *Soie* : après cuite ordinaire, faire un bain de bois des Indes, bain de noix de galle, sulfate de fer, sumac, graine de lin, gomme arabique, écorce de bouleau et d'acétate de cuivre. — *Coton* : bain de gaude et sumac pendant 10 heures; tordre, rincer, passer au bleu clair; tordre, éventer et passer dans un bain de chaux et d'acétate de fer; rincer à grande eau, faire un bain de longue cuite de bois des Indes, y mettre 60 grammes d'alun par kilog. de coton. Eventer et laver.

Noir bon teint. *Laine* : au bleu de cuve très foncé; alun, noix de galle et sulfate de fer; vieux bain de cochenille, avec bain frais de garance, bain de gaude. — *Coton* : Emploi du pyrolignite de fer. — *Soie* : acétate de fer, remplaçant le sulfate de fer.

Noisette. Alun, écorce de bouleau, suie, brou de noix, garance et sumac, communiquent à toutes les étoffes une nuance assurée.

Olive. *Laine* : bain d'alun; 2e bain d'acétate de noix et bois jaune. — *Soie* : bain d'alun et de gaude; 2e bain de cochenille et de cendre gravelée. — *Coton* : bain d'alun, tordre légèrement; bain très clair d'écale de noix, puis de gaude, d'écorce de bouleau et de garance. Avivage au savon.

Orseille. Délayée dans de l'eau chaude, elle fournit un grand nombre de nuances depuis la lie de vin jusqu'à la rose.

Puce. Comme le cramoisi ; mais au lieu de noix de galle blanche, mettre de la noix de galle noire.

Quercitron. Ecorce qui peut remplacer la gaude,

Rose. *Laine* : Demi - bain d'écarlate. — *Soie :* Bain d'alun ; bain de bois du Brésil, très-léger. — *Coton :* Bain rouge d'Andrinople *(voir safran)*.

Roucou. Employé pour les teintes suivantes : orange, bouton d'or, chamois, etc.

Rouge incarnat d'Andrinople. *Coton :* Disposition du coton par plusieurs lavages ; bain de soude ; bain de cendre de bois neuf, bain de chaux éteinte ; tirer ces trois bains à clair, les réunir ; faire bouillir ; y laisser l'étoffe une heure ; éventer et sécher. Ajouter à ce bain du savon et de l'huile d'olive ; remettre l'étoffe dans ce bain ; après dix ou douze heures, tordre et sécher ; passer un bain d'alun et garance, 2 1/2 kilogrammes de garance pour 5 kilogrammes de coton et 40 litres d'eau. Pour aviver le coton, employer l'écorce de bouleau ; puis un dernier bain de savon et de muriate d'étain dissous dans un quarantième de son poids d'acide nitrique à 20 degrés.

Rouge de Brésil. *Laine :* Alun et crême de tartre ; bois de Brésil ; dissolution de muriate d'étain, un peu d'acide acéteux et de l'urine. Manipulation ordinaire. Cette teinte se rose sur un bain de 50 litres d'eau chaude, dans lequel on aura mis 6 litres d'urines.

Safran. Pour obtenir la partie rouge entièrement séparée de la jaune, le meilleur procédé consiste, après le lavage, à dissoudre toute la partie rouge par le sel de soude, à la précipiter du bain par le vinaigre de bois. C'est ainsi qu'on obtient le rouge le plus pur et le plus vif employé pour les teintes roses sur soie.

Soufre. Employé pour le blanchîment des laines, soies, etc.

Sumac. Supplée quelquefois à la noix de galle.

Taches d'acides. *Soie* : Alcali volatil. — *Coton* : savon.

Taches de cire. *Laine* : Ces taches doivent être enlevées avec un fer chaud et un papier brouillard, puis au savon. — *Soie* : Le fer chaud, comme pour la laine, quelques gouttes de forte eau-de-vie sur la tache.

Taches d'encre. *Laine* : sel d'oseille ou alcali volatil. — *Toile* : sel d'oseille, ou bain d'acide sulfurique à 6 degrés.

Taches de liqueurs. Esprit de vin, essence, amer, eau chaude et savon.

Taches de couleurs à l'huile. Beurre, savon, amer.

Taches de rouille. *Coton blanc* : bains d'acide sulfurique à 10 degrés. Alcali volatil.

Taches de graisse. *Laine* : esprit de vin, savon, amer et eau tiède. — *Soie* : essence de citron. — *Coton en couleur* : savon, eau tiède et amer.

Taches d'urine. *Laine* : eau savonneuse presque bouillante. — *Soie* : eau tiède, essence de thérébentine purifiée.

Taches de vin. Savon, soufre, amer.

Vert. Le bois jaune, la gaude et la sarrette sont la base des plus beaux verts. Un demi bain de brou de noix ou d'écorce de bouleau convient pour fixer le vert, mais le brou lui donne un ton de vert-olive.

Pour les *fils* ou *cotons*, on les fait passer dans la cuve du bleu, à la nuance qu'on désire, on les fait dégager dans l'eau et sécher ; on les passe dans un bain de gaude ; ou bien en faux teint : alun, bois des Indes, gaude, acétate de cuivre, écorce de bouleau, sulfate de fer et noix de galle pour la brunition.

Les *velours* se jaunissent sur un bain de *terra-merita* et acétate de cuivre, et on achève le vert avec la composition du bleu de Saxe. — La *soie* doit être passée au bain d'alun, puis à celui de gaude.

On peut, de cette manière, obtenir toutes les nuances, depuis le *vert pistache* jusqu'au *vert-bouteille*. Deux parties de jaune et une de noir donnent aussi un résultat vert.

Vert cantharide. Alun, gaude, suie, écorce de bouleau, bleu de cuve. Manipulation ordinaire.

Vert de Saxe. Peu solide. Décoction de bois jaune et de dissolution sulfurique d'indigo. Cette teinture peut s'appliquer aux laines, soies et cotons.

Vert pistache. Pour ce vert clair, le pied de bleu doit être très-léger ; puis bain de gaude et d'acétate de cuivre.

Vinaigre. Employé après la teinte de roucou, pour macérer l'orange et le faire monter au rouge. On peut passer la soie sur un bain léger de bois de Brésil.

Violet. *Laine* : Le violet de Hollande se fait avec orseille, urine et chaux, ou avec alun, bois de Brésil, bois des Indes, cendre gravelée. — *Coton* : se fait ordinairement avec un pied de bleu sur cuve, suivant la nuance qu'on désire ; on fait sécher ; ensuite on donne un bain d'écorce de bouleau pour amener l'étoffe à la nuance désirée. D'après ce travail, on peut faire toutes les nuances, depuis la *fleur de pensée* jusqu'au *lilas* et *gris de lin*. — *Soie* : bain très chaud de bois de Brésil ; bain d'orseille tiré à clair ; éventer, lisser et faire sécher.

On peut aussi teindre les soies en violet fin en leur donnant un pied de bleu de cuve de bois des Indes ; bain d'alun, bain de cochenille et un dernier bain tiède de potasse et de sel ammoniac à parties égales.

Violet clair. Faible bain d'alun, cochenille ; composition, bois des Indes et acétate de cuivre.

CHAPITRE VI.

DES DIVERS PROCÉDÉS DE TEINTURE.

Procédés pour teindre l'ivoire, les os, la corne, le cuir, les plumes, les pelleteries, la paille et le bois, de diverses couleurs. La seule préparation préliminaire qu'exigent les os, la corne et l'ivoire pour recevoir différentes couleurs, consiste à les laisser tremper une demi-journée dans une dissolution d'alun ou d'acide acéteux un peu concentré ; il suffit de les plonger ensuite dans une décoction de bois du Brésil pour les teindre en beau rouge ; de safran mêlé d'alun à parties égales, ou d'écorce d'épine-vinette avec un peu d'alun pour les teindre en jaune ; et dans une dissolution de verdet ou vert de gris par l'acide acéteux, avec un tiers de sel ammoniac, pour les teindre en vert. On convertit en bleu la belle couleur verte de ces derniers, en les plongeant à plusieurs reprises dans une lessive bouillante de potasse.

Pour teindre ces matières en noir, on peut les enduire d'une légère dissolution d'azotate d'argent, les exposer

au soleil, et répéter une ou plusieurs fois de suite le
même procédé lorsque la couche précédente est sèche,
ou les tremper dans un mordant composé de 60 grammes de potasse, de 45 grammes de noix de galle, auxquels on ajoute 8 grammes d'oxide d'arsenic par litre
d'eau, et les imprégner ensuite d'une dissolution concentrée d'acétate de fer, ou bien enfin les faire bouillir dans
cette dernière liqueur, jusqu'à ce que leur surface commence à se ramollir, avant de les plonger dans une décoction de bois d'Inde et de noix de galle.

On voit que ces derniers procédés sont analogues à
ceux de la fabrication de l'encre, fondés sur la précipitation de l'oxide de fer par la noix de galle.

Il n'est souvent pas nécessaire d'employer des bains
particuliers pour teindre les cuirs, parce qu'ils peuvent
recevoir différentes couleurs des substances mêmes qui
servent à les préparer. C'est ainsi qu'en Danemarck, on
teint en brun, les peaux de gants avec l'écorce de saule
(*solex capréa*); en Russie, la basane rouge, avec le bois
de santal ; dans l'Orient, le maroquin rouge avec de l'a-
lun et des baies de nerprun ; et le rouge avec de la cochenille, du curcuma, de l'alun et des écorces de gre-
nade. De même on peut teindre en beau noir le cuir
tanné, sans le secours de la noix de galle, en appliquant
sur la fleur, avec un pinceau, trois ou quatre couches
de dissolution de fer. Si par hasard le cuir ne contenait
pas assez de tannin, il faudrait en ajouter à celle d'acétate de fer. Mais il y a d'autres espèces de peaux dont la
teinture, pour être belle, exige un mordant particulier :
on fait, par exemple, tremper le chagrin dans une dissolution de sulfate de magnésie et de soude, avant de
le teindre en bleu, ou dans une muriate de soude (sel

marin), après l'avoir fait blanchir pour le teindre en beau rouge.

On teint les pelleteries, les crins et les plumes (sur lesquelles on passe ensuite un léger vernis) en rouge, jaune et vert, comme les os ; mais on les teint en bleu par le suc exprimé des baies de myrtille mêlé d'un peu d'alcali et d'indigo.

Lorsqu'on veut donner aux cheveux une belle couleur brune ou noire, on les lave dans une très légère dissolution d'argent, après les avoir humectés de celle de potasse. Les perruquiers, pour teindre les cheveux, préparent une pommade mêlée d'oxide blanc de bismuth, dont ils les frottent.

Il faut laisser tremper une demi-journée dans l'acide acéteux ou dans une dissolution d'alun concentré, la paille, le jonc et le bois, afin de les rendre tendres et propres à la teinture en différentes couleurs ; mais leurs tissus serrés ne permettent pas aux parties colorantes d'y pénétrer profondément.

Pour teindre le bois en très beau jaune ou brun, il suffit de l'enduire, après l'avoir fait chauffer, de quelques couches d'acide azotique (eau forte) plus ou moins affaibli, de le bien frotter, et puis d'appliquer dessus un vernis de résine laque. Le bois acquiert une très belle couleur d'acajou, lorsqu'on le plonge dans un bain bouillant composé de 120 gram. de bois jaune et 250 gram. d'eau; sa couleur prend une teinte plus foncée quand on y mêle du bois des Indes (par exemple 30 gram. sur 60 de bois jaune), et qu'on l'imprègne d'une dissolution bouillante de potasse.

Une forte dissolution de nitrate de cuivre appliquée sur le bois, le teint en bleu, lorsqu'on le frotte avec une lessive de potasse, jusqu'à ce qu'il ait acquis cette couleur ; et pour le teindre en vert, il suffit de le plonger un certain temps dans une dissolution acéteuse de vert-de-gris ou bien aqueuse de cristaux de verdet. Il y a plusieurs moyens de donner aux bois d'un tissu compact, comme le charme, le houx, l'aune, le pommier, etc., une belle couleur d'ébène, savoir : de les tremper chauds dans une dissolution de nitrate de cuivre, et puis dans un bain de bois des Indes, ou bien de les faire d'abord bouillir dans ce bain, auquel on ajoute un peu d'alun, et de les imprégner trois ou quatre fois de vinaigre bouilli sur la noix de galle, et d'une dissolution quelconque de fer ; on les polit ensuite avec une peau cirée, ou bien enduite d'huile de lin et de poussière de charbon.

Le bois que l'on veut colorer doit être lisse. On le frotte d'abord avec de l'acide azotique un peu étendu d'eau, et on le laisse sécher.

On fait dissoudre ensuite dans un litre d'alcool 45 grammes de sang-dragon bien choisi et 15 grammes de carbonate de soude ; on filtre, si l'on veut, cette dissolution, on l'étend sur le bois avec un pinceau doux, et, lorsque le bois est imprégné, on le laisse sécher.

On prépare de la même manière une dissolution de 45 grammes de laque plate dans un litre d'alcool ; on y fait fondre 8 grammes de carbonate de soude et on l'étend sur le bois comme la première ; quand la surface du bois est bien sèche, on la polit ; on se sert pour cela de pierre ponce et d'un morceau de bois de hêtre bouilli dans de l'huile de lin. De cette manière, la plupart des bois prennent le ton et le brillant de l'acajou.

Teinture de la toile en jaune. Prenez les tiges et les feuilles de pommes de terre lorsque cette plante est en fleur, écrasez-les pour en exprimer le suc, laissez-y tremper la toile ou étoffe pendant quarante-huit heures, et elle sera d'un beau jaune solide ; si on la plonge ensuite dans une teinture bleue, elle acquiert une belle couleur verte.

Teinture en jaune, toile et coton. Prenez une partie d'arsenic blanc, deux d'alun et deux de potasse, faites bouillir dans de l'eau la laine, la soie, le fil ou le coton. Après quelques heures, faites sécher. Après, faites bouillir dans de l'eau de fleurs de narcisse des prés, proportionnée à l'intensité de la couleur que l'on veut obtenir ; on y plonge les tissus et on les y laisse une heure, on les lave à l'eau froide, dans laquelle on a mis une poignée de potasse (par 100 litres d'eau).

Noir pour laine. Pour 200 kilogrammes de tissus :

10 kilogrammes noix de galle ;
10   —   sulfate de fer ;
40   —   campêche ou bois des Indes.
Faire bouillir pendant deux heures.

Noir bleu pour laine et coton. Pour 100 mètres de tissus :

40 kilogrammes de tan, bouilli dans de l'eau tirée à clair. Y placer l'étoffe une heure, la tordre et l'éventer.

Faire le bain suivant et y laisser l'étoffe une heure :

10 kilogrammes de campêche ;
12 à 13 grammes de sulfate de cuivre ;
400 grammes de sulfate de fer.

Après avoir retiré l'étoffe de ce bain trois à quatre fois, l'avoir tordue, éventée, la faire passer dans une eau contenant un peu de potasse.

Vert de Chine (nouvelle teinture). Le coton et le

fil prennent de belles nuances solides lorsqu'on les plonge dans un vert de Chine préparé avec de l'eau contenant un peu d'acétate d'ammoniaque.

Blanchîment de la laine et de la soie. L'acide sulfureux est employé pour blanchir la laine et la soie ; ces matières sont mouillées avec de l'eau et suspendues dans une chambre exactement fermée, au milieu de laquelle on a placé un réchaud avec du soufre allumé. On enlève d'une manière analogue les taches de fruits sur le linge : on mouille la tache, on brûle au-dessous un peu de soufre et on lave ensuite à grande eau.

Préparation du cachou pour la teinture. Faire fondre au bain-marie du cachou du commerce pendant une heure ; le presser, tandis qu'il est encore mou, dans un filtre d'étoffe, pour en séparer les corps étrangers, le replacer de nouveau dans la chaudière au bain-marie, laisser bouillir, y mélanger 35 0/0 de bichromate de potasse ; après une demi-heure, laisser refroidir. On divise le cachou ainsi préparé et on lui donne la forme que l'on juge convenable avant qu'il ne soit refroidi.

Conservation des chapeaux de soie et de feutre. Laisser gonfler pendant 24 heures de la gomme adragant dans un peu d'eau ; étendez-la sur le chapeau avec un linge, essuyez avec une serviette.

Matière extraite de la monarde écarlate. La matière colorante qu'il recèle est la *carmine*, substance qui n'a encore été remarquée que dans le fruit du *nopal* et dans l'insecte appelé cochenille. Cette substance tinctoriale réside dans les corolles, et, comme la plante en donne en quantité, il sera facile de se la procurer à bon marché.

Quand on prend les fleurs et qu'on les immerge dans l'eau, elle en est immédiatement saturée ; en présence de l'eau de chaux, elle est colorée en violet, l'acétate de plomb la colore aussi en violet ; la potasse la fait passer au jaune d'or ; l'ammoniaque colore en brun ; le sulfate de fer fait passer au rouge brun ; l'eau de baryte, au cramoisi violet ; le sulfate de baryte décolore légèrement, etc.

On voit d'après ces données que ce sont bien là les caractères de la carmine. Ce principe donne à la soie une teinte qui peut être employée avec beaucoup d'avantages.

Pour enlever les taches d'encre déjà anciennes. Laisser tremper la tache dans l'eau bouillante, mettre ensuite un peu de bioxalate de potasse, frotter légèrement et ajouter du sel marin, le chlorure par exemple, frotter encore pendant quelques instants et la tache disparaît complètement.

Teinture en noir sur corne. Plonger la corne dans une dissolution de nitrate de mercure. On la retire et on la lave à grande eau. La teinte rouge, imitation d'écaille.

Pour faire passer cette teinte rouge en noir, plonger la corne dans une dissolution de sulfure de potasse, la laisser deux heures, et laver à l'eau pure, puis à l'eau acidulée et de nouveau à l'eau pure ; on sèche et on polit.

Indigo minéral ou bleu de Molybdène. On verse de l'acide chlorhydrique dans une dissolution de molybdate et de phosphate de soude ; il se forme un précipité jaune citron dont la nuance devient beaucoup plus vive quand on ajoute à la liqueur quelques gouttes d'acide nitrique. On redissout ce précipité dans de la soude caustique et on plonge l'étoffe dans cette dissolution. Pour faire apparaître la couleur bleue, il suffit de passer l'étoffe dans un bain de protochlorure d'étain; suivant la concentration de ce bain, la nuance varie du bleu clair au bleu foncé; elle peut même tourner au vert si le bain est épuisé.

Teinture en bleu de France sur laine. Pendant longtemps, la teinture en bleu de France s'est faite en maintenant la laine dans un bain de prussiate rouge contenant un acide et du perchlorure d'étain. Ce bain est chauffé à l'ébullition et dégage constamment de l'acide prussique (acide cyanhydrique), ce qui constitue une perte, car ce corps pourrait reproduire du bleu. On a réussi à éviter cette perte en ajoutant un bain de perchlorure de fer, qu'on obtient aisément en triturant le fer par l'eau régale.

Quand on met en pratique le procédé ainsi modifié, on a soin d'ajouter d'abord une partie de l'acide, puis on immerge la laine bien lavée et tiède, et on fait bouillir; la laine prend une teinte verte, qui devient bleue par l'ébullition et l'addition du reste de l'acide. C'est à l'acide tartrique qu'on doit donner la préférence pour cette opération.

Par cette méthode perfectionnée, on peut réaliser une économie de 25 0/0 sur la quantité de prussiate rouge nécessaire pour produire une nuance donnée.

Fabrication du jaune d'urane. On réduit d'abord le minerai en poudre fine, on le mélange avec de la pierre calcaire pulvérisée et on soumet au grillage. On traite le produit par de l'acide sulfurique étendu d'eau qui forme, avec l'oxyde d'urane, une dissolution verte. On ajoute ensuite un excès de carbonate de soude qui précipite d'abord l'urane et le redissout ensuite. Elle est décomposée par l'acide sulfurique : le précipité jaune qu'on obtient est le jaune d'urane, après l'avoir lavé, séché et pulvérisé.

Encre anglaise :

25 grammes de noix de galle pulvérisée.
16   —   sulfate d'indigo.
18   —   sulfate de fer.
12   —   gomme arabique. .
Eau, quantité suffisante.

Teinture à l'acide picrique. La cire de carnubu est produite par un arbre du Brésil ; on chauffe légèrement 100 grammes de cire avec 75 grammes d'acide nitrique à 40 degrés, jusqu'à ce que les vapeurs rousses aient disparu.

On produit jusqu'à 30 grammes d'acide picrique cristallisé qu'on emploie en teinture pour les teintes jaunes sur laine et sur soie.

Teinture à l'alun de Chrôme. L'alun de chrôme est un sel violet foncé. Les nuances qu'il donne sont des plus belles. Les *bleu*, *gris*, *lilas* et *agate* s'obtiennent en plongeant le coton ou fil dans un bain d'alun de chrôme.

Blanchîment de certaines variétés de tourbe pour les convertir en fibres blanches propres à faire du papier. Le prix élevé du papier et la grande consommation qu'on en fait, ont engagé beaucoup d'industriels à chercher les moyens de remplacer le chiffon par d'autres substances végétales moins coûteuses. On en a fabriqué avec de la *paille*, de la *chènevotte*, de la *sparterie*, du *bois de réglisse*, de l'écorce de jeunes tiges de *mûrier*, etc.

Un industriel d'Angleterre vient de convertir quelques espèces de tourbes en fibres blanches pour en faire du papier.

La tourbe qu'il a soumise à ses investigations est celle qui se trouve immédiatement au-dessous de la surface de la terre végétale de presque tous les lieux bas, ou marais plats de l'Irlande, et dont les couches ont jusqu'à treize pieds d'épaisseur.

Elle est formée de tiges et de feuilles de diverses mousses et de racines et fibres de petites plantes aquatiques et marécageuses parvenues à ce point de carbonisation qui caractérise les tourbes mousseuses. Les fibres de ces tourbes sont dures et conservent, en général, leur forme primitive; elles sont d'un brun rouge, leur poids spécifique varie de 0, 360 à 650.

On a essayé de blanchir cette matière fibreuse et d'en fabriquer du papier, soit en la faisant servir à remplacer les diverses substances avec lesquelles on altère la pâte de chiffon, telles que la chaux, la glypse, l'argile, le coton, les cheveux, les rognures de cuir, les poussés du houblon, etc. Sans l'opération du blanchîment, cette fibre donne un excellent carton; il suffit pour cela de la soumettre à l'action d'une presse et de la faire macérer à saturation dans un vase où l'on a fait le vide et qu'on a rempli de solution de colle, de mélasse, d'huile siccative, de résine, d'huile ordinaire ou autres matières semblables. Ce carton résiste très bien à l'action de la vapeur à haute pression.

L'analyse chimique a démontré que 100 parties de cette tourbe, séchées à l'air, donnent de 11 à 6 p. 100 de cendres d'un blanc jaunâtre qui sont composées de :

Carbonate de chaux.	69,5
Silice.	3,0
Alumine.	17,0
Protoxide de fer.	8,0

La matière libre de cette tourbe rouge est combinée avec plusieurs matériaux provenant de la décomposition lente de diverses substances végétales contenant beaucoup de cette matière, que Berzélius a nommée *geine*. Celle qu'on a retirée de cette tourbe paraît n'être que de l'*ulmine* impure. Voici maintenant comment on prépare cette substance : on fait ramollir dans l'eau froide, jusqu'à ce que, par l'agitation, les fibres se séparent de la tourbe qu'on veut blanchir ; les particules les plus légères sont séparées par le lavage ; alors la fibre obtenue est mise en macération dans une solution froide composée de 50 grains de potasse ou de soude caustique par litre d'eau. La solution contenant la *geine* est séparée de la partie fibreuse par la pression, et l'on plonge ensuite cette fibre, pendant quelque temps, dans un bain acidulé par 120 grains d'acide sulfurique à 66° par litre d'eau. Les parties ferrugineuses sont dissoutes ainsi que l'ammoniaque, si la tourbe en contient, comme cela arrive souvent. La fibre est de nouveau soumise à la pression pour en séparer la liqueur acide, et on la soumet à l'action du chlorure de chaux, de la même manière qu'on opère pour les chiffons ; sortie du bain chloruré, la fibre est soigneusement lavée ; en cet état elle est propre à la fabrication du papier.

Si l'on traite, par l'acide sulfurique étendu, la solution très colorée en brun, qu'on a obtenue par la lessive caustique, on sature l'alcali, et la geine se précipite ; on la lave à plusieurs eaux, on la sèche dans une étuve à vapeur; en cet état, elle est insoluble dans l'eau, et on peut l'employer avec l'huile, on en détrempe, comme une substance colorante d'un brun de bistre très beau. On peut retirer ainsi de cette tourbe 14 à 30 p. %, de matière soluble, 18 de fibre fine et blanche, propre à faire du papier, et une plus grande quantité d'une fibre propre à faire du papier moins blanc et grossier.

Pendant la digestion de la fibre dans le chlorure de chaux, il paraît, à la surface de la liqueur, des filets minces, d'un aspect onctueux qui semblent être un composé d'une gomme résine, d'une matière écrasée, et de camphre artificiel.

La matière colorante bistre qu'on retire de la tourbe n'est attaquée ni par l'hydrogène sulfuré, ni par le gaz acide carbonique, ni par le protochlorure d'étain; ce n'est même qu'après une longue digestion que l'acide nitrique concentré décompose cette couleur. — Le chlore la blanchit peu à peu, et les alcalis caustiques la dissolvent; les rayons solaires n'exercent sur elle qu'une très faible action décolorante.

Voilà donc une fort bonne couleur pour le papier et dont plusieurs arts pourront s'enrichir.

Teinture de la soie en ponceau, chair-cerise par le carthame. Pour teindre la soie en ponceau ou couleur de feu, il faut d'abord la cuire comme pour le blanc, lui donner ensuite un pied de roucou, puis la lisser dans un fort bain de safran carthamé ou de premier coulage, que l'on aura fait virer au rouge-cerise par le jus de citron, ayant soin de ne la retirer du bain que lorsqu'elle aura cessé de monter en couleur. Tordre, laver et sécher. On continue la même manœuvre jusqu'à ce que la soie ait acquis toute la hauteur de couleur qui convient au ponceau ; enfin on avive en lissant sept ou huit fois dans un bain d'eau chaude, auquel on aura ajouté du suc de citron.

Les cerises plus légers, les couleurs de rose de toutes nuances et les couleurs de chair se font sur des bains de second et troisième coulage. Ces bains s'obtiennent en versant de l'eau une première, puis une deuxième fois sur le marc du premier coulage. On passe d'abord les nuances qui doivent être les plus fortes.

Pour avoir une couleur de chair extrêmement tendre, il faudra mettre dans le bain un peu de savon, qui affaiblit un peu le bain, et empêche que la couleur ne soit mate, unie. On lave ensuite la soie, et on avive sur le bain qui a donné des couleurs plus foncées.

Les bains de carthame doivent s'employer sur-le-champ et toujours à froid ; car la couleur rouge de carthame s'altère très promptement à l'air.

On réussira à se procurer sur le lin ou sur le coton toutes les nuances de couleurs que le carthame donne sur la soie, pourvu que l'on ait préalablement blanchi le coton et le lin. Après la teinture, on lave légèrement et on fait sécher à l'étuve.

On obtient du carthame une très belle couleur tirant sur l'écarlate, au moyen des opérations suivantes :

1° Blanchir le coton ;

2° Lui donner un léger pied de roucou que l'on avive par un petit bain d'alun ; tirer à l'eau ;

3° Immersion dans le bain de premier coulage, auquel on ajoute du suc de citron en quantité suffisante ;

4° Immersion dans le bain de second coulage, avec addition de suc de citron ;

5° Immersion semblable dans le troisième coulage.

Rouge de Brésil sur laine. Après avoir donné un bouillon dans un quart d'alun et un huitième de tartre, en poids de l'étoffe, on fait bouillir légèrement, pendant trois quarts-d'heure, dans une décoction de bois de Brésil préparée avec une partie de ce bois pour six parties d'étoffe ; on lave ensuite et on fait sécher. Par ce procédé, on obtient un rouge vif qui résiste assez bien à l'air.

En supprimant le tartre et en ajoutant à des bains faibles de Brésil un peu de dissolution d'étain, on arriverait à la couleur rose.

Rouge de Brésil sur coton. Pied de roucou ; noix de galle ; dissolution d'étain à 5 degrés ; laver dans un bain colorant ; deux bains de bois de Brésil vieux cuit ; tordre, éventer et laver. La dissolution d'étain est proportionnée à 60 grammes d'étain et 500 grammes d'eau régale faite avec deux parties d'acide nitrique à 24 degrés et trois parties d'acide hydrochlorique à 22 degrés.

Argenture de rubans. Trempez les rubans dans une dissolution d'azotate d'argent et de gomme arabique. Laissez sécher, tenez le tissu sur un vase où l'on a mis du zinc, de l'acide sulfurique et de l'eau.

Composition pour marquer le linge. Faites chauffer jusqu'au rouge, dans un creuset, une partie protoxide de manganèse et deux parties d'azotate de potasse. Le résidu vert doit être placé dans un flacon bien bouché. Il sert, en le mélangeant à de l'eau, à marquer le linge soit à la plume ou au cachet gravé en creux. Après un quart-d'heure, lavez. Le tissu reste coloré en brun foncé.

Teinture en jaune pour fil et coton. Bouillir l'étoffe dans de l'eau pendant une heure, la tordre, la tremper dans une dissolution d'acétate de plomb ; tordre et sécher ; la mettre dans une dissolution de chromate de potasse. On obtient une couleur plus foncée en répétant l'opération.

Imperméabilité des tissus et vêtements :

Acétate de plomb 1 kilogramme.
Alun 1 —
Colle de poisson ordinaire 100 grammes.

Dissoudre ces substances dans 4 litres d'eau de pluie.

Ayez un tonneau dans lequel vous aurez versé 90 litres d'eau douce froide. Placez-y les substances ci-indiquées après leur dissolution. Mélangez et laissez reposer 12 à 15 heures. Soutirez avec attention seulement la partie claire. Ce liquide ainsi épuré est prêt à être employé pour l'imperméabilité des tissus et vêtements. Laissez les tissus en contact avec cette eau pendant huit à 10 heures, suivant leur épaisseur et l'imperméabilité qu'on veut obtenir.

Après les avoir retirés, laissez-les égoutter, et, avant qu'ils soient entièrement secs, brossez-les avec soin pour enlever les particules de la solution. Lissez-les à fer chaud. Brossez de nouveau. La même solution sert jusqu'à épuisement lorsqu'elle est employée pour les mêmes nuances des tissus et vêtements.

Encre double pour copie de lettres :

Noix de galle concassées 4 hectogrammes.
Sulfate de fer 4 —
Gomme arabique 1 —
Sucre candi 25 grammes.
Sel 20 —
Bois des Indes 4 —
Eau de pluie 2 litres.

Laissez infuser huit jours. Filtrez.

Nettoyage des gants de peau de daim. Dans une légère lessive de potasse tiède, placer les gants quelque temps, puis les laver dans deux bains de savon blanc ; les faire sécher à l'envers.

Dégraissage des vêtements. Faire cuire du *plâtre* sur des charbons bien allumés, le réduire en poudre, le délayer avec de l'eau, frotter les taches et laver ensuite.

Dégraissage du drap. Faire une pâte de ce qui suit :

Miel	2 hectogrammes.
Un jaune d'œuf	
Sel ammoniac	3 grammes.

Frotter sur les taches ; après quelques heures, les laver avec de l'eau fraîche.

Encre rouge. Faire bouillir une heure et filtrer :

Fernambouc	—	120 grammes.
Eau	—	1/2 litre.
Alun	—	16 grammes.
Gomme arabique	—	6 —

Encre violette. Faire bouillir deux heures et filtrer :

Fernambouc	—	80 grammes.
Bois des Indes	—	30 —
Alun	—	15 —
Gomme arabique	—	5 —
Eau	—	1/2 litre

Encre jaune. Faire bouillir une heure et filtrer :

Safran	—	60 grammes.
Alun	—	15 —
Gomme arabique	—	5 —
Eau	—	1/2 litre.

Encre verte. Faire bouillir une heure et filtrer :

Acétate de cuivre	—	60 grammes.
Crème de tartre	—	15 —
Eau	—	1/2 litre.

Teinture en noir pour le lin et le coton. Prenez un huitième du poids de l'étoffe, de noix de galle, sumac et bois des Indes, ajoutez l'eau nécessaire, passez avec soin votre coton dans cette décoction, à un degré de chaleur, telle qu'on puisse à peine tenir la main, laissez-le tremper quelques heures, relevez ensuite et tordez légèrement ; faites sécher ; lorsqu'il est sec, plongez-le dans un bain d'eau tiède où l'on a versé environ un dixième en poids de pyrolignate de fer que l'on mêle bien au liquide, travaillez-y le coton pendant une heure, en éventant souvent durant quelques minutes ; donnez ensuite sans sécher un second bain de pyrolignate de fer, puis un troisième, en laissant un intervalle de 2 à 3 heures entre chaque bain ; laver et sécher.

Jaune d'or. On plonge alternativement la toile dans une dissolution de sulfate de fer, et d'eau de chaux, le protoxide de fer précipité sur la toile, passe promptement par absorption de l'oxigène atmosphérique dans le deutoxide de couleur jaune doré.

Vert. Après avoir trempé la toile teinte en bleu, et bien lavée dans de l'acétate d'alumine, on la fait sécher et on la soumet à un bain de quercitron.

Cuve pour gros bleu :

Indigo broyé	30 kilogr.
Sulfate de fer	1 —
Chaux vive	8 —
Eau	110 seaux.

Cuve pour bleu moyen :

Indigo broyé	1 kilogr.
Sulfate de fer	2 —
Chaux vive	3 —
Eau	110 seaux.

Cuve pour bleu clair :

Indigo broyé	200 grammes.
Sel de soude	200 —
Sulfate de fer	400 —
Chaux vive	1 kilogr.
Eau	110 seaux.

Argenture des tissus. On doit préalablement laver les tissus et les placer dans une dissolution saturée d'acide gallique, et ensuite dans une dissolution de 25 parties d'azotate d'argent dans 1,000 parties d'eau distillée. On recommence cette double immersion jusqu'à ce qu'on obtienne une nuance d'argent ; après, faire bouillir dans une solution de sel de tartre, laver, puis sécher.

Bleu inaltérable.

Bois de campêche	130 grammes.
Eau de pluie	2 litres.
Alun	125 grammes.
Indigo	15 —

Carmin inaltérable.

Eau	1	2 litre.
Alun	25 grammes.
Sel de tartre	25 —
Crême de tartre	25 —
Cochenille	30 —

Noir Sédan.

1er bain : Sumac	50 kilogr.
Campêche	50 —
2e bain : Couperose verte	50 —

Noir Elbœuf.

Sumac	35 kilogr.
Campêche	60 —
Couperose verte	14 —
Couperose bleue	14 —
Bois jaune	10 —

Apprêt des dentelles, etc. Dissoudre dans de l'eau bouillante :

Borax	50 grammes.
Gomme laque	250 —

Dissoudre à part :

Amidon	10 grammes.
Gélatine	10 —

Réunir les deux dissolutions en une seule, dans laquelle on plonge les dentelles. Les étendre pour les faire sécher.

Procédé pour donner du lustre aux tissus :

Empois bouillant	1 litre.
Acide stéarique	35 grammes.

Pierre à détacher.

Soude	110 grammes.
Savon noir	120 —
Fiel de bœuf	115 —
Terre glaise	420 —
Deux jaunes d'œufs.	

Mettre dans une forme et faire sécher à une douce chaleur.

Savons. Le *savon blanc* contient, sur 100 parties :

Soude	4,6
Huile	50,2
Eau	45,2
	100,0

Le *savon marbré* contient, sur 100 parties :

Soude	6
Huile	64
Eau	30
	100

Le savon à base de potasse contient, sur 100 parties :

Potasse	9,5
Huile	44,0
Eau	46,5
	100,0

Teinture du maroquin en rouge. Pour quarante peaux : 8 à 900 grammes de kermès en poudre. Le faire bouillir dans 6 à 8 litres d'eau. Après première ébullition, y ajouter 500 grammes d'alun. L'ébullition doit continuer jusqu'à diminution de moitié du liquide. On teint les peaux en les frottant avec un tampon de coton trempé dans cette composition. Cinq à six opérations sont nécessaires. On met ensuite les peaux dans 10 litres d'eau, dans laquelle on aura fait dissoudre 7 à 8 kilog. de noix de galle. On les rince alors dans l'eau froide ; on en exprime l'eau en les pressant les unes sur les autres ; on les étend ; on les frotte d'huile de sésame, et on fait sécher.

Teinture du maroquin en noir. On se sert de bière aigre, de vieille ferraille et de noix de galle.

Le lustre se donne avec du jus d'épine-vinette, d'ail, etc.

Teinture du maroquin en jaune. Pour le jaune, on emploie une dissolution dans de l'eau, des graines d'Avignon, de safran ou d'épine-vinette.

Teinture du maroquin en vert. Le vert se fait avec de l'acétate de cuivre mêlé avec un peu de sel de tartre et de potasse.

Teinture du maroquin en bleu. Indigo, tournesol et alun.

Teinture du parchemin en vert :

Crême de tartre.	8 grammes.
Eau.	1/2 litre.
Acétate de cuivre.	30 grammes.

Faire bouillir cette composition, y ajouter une cuillerée d'acide sulfurique, frotter le parchemin de cette dissolution avec un pinceau.

Le lustre se donne avec des blancs d'œufs, résine ou gomme.

DEUXIÈME PARTIE

IMPRESSION DES TOILES. — FABRICATION DES INDIENNES

CHAPITRE PREMIER

OPÉRATIONS PRÉLIMINAIRES

Les anciens connaissaient l'art d'imprimer les toiles, mais il ne s'est répandu en Europe que vers le milieu du XVIIIe siècle.

Avant de soumettre à l'impression les toiles nommées calicots, on leur fait subir des opérations préliminaires qui sont au nombre de cinq et qui consistent, 1° à dégraisser les toiles ; 2° à leur donner le roussi ; 3° à les blanchir ; 4° à les passer au sûr ; 5° et enfin à les calandrer.

§ Ier. DÉGRAISSAGE.

Pour faire couler plus aisément le fil, les ouvriers chargés de tisser les calicots l'enduisent de colle et d'une matière grasse. Cette graisse fondrait nécessairement et pénétrerait dans le tissu par l'opération du roussi, et nuirait essentiellement à l'impression, si l'on ne prenait soin d'en bien purger les toiles. A cet effet, on les fait d'abord tremper, pendant vingt-quatre heures, dans

une dissolution de potasse un peu caustique, de un à
deux degrés à l'aréomètre de Beaumé, et à une température de trente degrés, puis, on les lave à la rivière
ou à la mécanique, pour les priver entièrement d'alcali.
Il est aisé de se rendre compte de ce qui se passe dans
cette opération : la potasse se combine à la graisse, et
forme une sorte de savon que le lavage enlève très facilement.

§ II. — ROUSSI.

Cette opération a pour but de détruire, en le brûlant,
l'espèce de duvet qui hérisse la surface des calicots, lequel nuirait à la netteté de l'impression. Pour donner le
roussi, on coud ordinairement dix pièces à la suite les
unes des autres. Ces pièces se roulent sur un cylindre
de bois, et après qu'elles ont passé sur un demi-cylin-
dre de fer, elles vont s'envelopper sur un autre rouleau,
d'où on les fait passer encore une fois sur le demi-cy-
lindre, que l'on a soin de toujours tenir au rouge presque blanc.

Si, après cette opération, il se manifestait sur les toiles
quelques taches de graisse que la chaleur aurait fait reparaître, il faudrait les faire tremper de nouveau et les
faire bouillir dans une lessive faible de potasse caustique, ainsi qu'il est expliqué ci-dessus.

§ III. — BLANCHIMENT.

Après avoir lavé les toiles, on les arrange dans un
cuvier, et on leur donne une bonne lessive. La lessive
se prépare avec la potasse et la chaux vive, à raison de
30 grammes de chaque substance par demi kilogramme

de matière. On verse sur ces deux substances, réduites en poudre et bien mêlées, une certaine quantité d'eau froide ; on agite plusieurs fois le mélange dans un espace de 24 heures, on laisse reposer, et on prend la lessive claire dans laquelle on fait bouillir les toiles, le plus chaud possible, pendant 5 ou 6 heures. Au sortir de la lessive, on lave bien les pièces, et on les expose sur le pré pendant 5 ou 6 jours. On répète la lessive et l'exposition sur le pré jusqu'à ce que les toiles aient acquis le degré de blancheur convenable.

§ IV. — PASSAGE AU SUR.

Comme il est rare que les toiles n'aient pas contracté, dans leur fabrication, quelques taches ferrugineuses, et que d'ailleurs il serait difficile d'emporter, même par le lavage le plus minutieux, l'alcali qui reste fixé dans leur tissu, après le blanchîment, il faut les passer au sûr, c'est-à-dire dans de l'eau acidulée par l'acide sulfurique.

Pour cette opération, on remplit en partie d'eau une chaudière de plomb montée sur son fourneau, et on ajoute une quantité d'acide sulfurique concentré, équivalente en poids à la soixantième partie de celui de l'eau. On chauffe jusqu'à 35 ou 40 degrés, puis on y passe les toiles attachées l'une au bout de l'autre en les faisant circuler rapidement, pendant un bon quart-d'heure, à l'aide d'un moulinet placé au-dessus de la chaudière. Les pièces doivent toujours plonger dans le bain où on les enfonce avec un bâton. Lorsque le temps de retirer les pièces est arrivé, on les tord au-dessus du bain, et on les porte sur-le-champ à la rivière, où, *sans aucun délai*, on les lave avec le plus grand soin, en les tournant rapidement, soit avec des moulinets ordinaires, soit avec des cylindres cannelés, et on ne cesse cette manœuvre que lorsqu'après avoir exprimé les pièces et les avoir sucées en différents endroits, l'organe du goût n'y trouve plus aucune trace d'acidité. On peut alors les mettre au sec; mais pour peu que les toiles aient une saveur acide, il faut continuer le lavage ; car, sans cette précaution, l'acide, en se concentrant sur la toile, par l'évaporation de l'eau à laquelle il était uni, l'attaquerait et la réduirait en lambeaux.

§ V. — CALANDRAGE.

Les toiles étant sèches, on les calandre en les faisant passer à froid entre des rouleaux ou cylindres, pour en écraser le grain et leur donner du lustre. Les toiles calandrées donnent moins de peine à l'imprimeur; la planche s'y applique partout également, et est moins dans le cas de s'user. On se dispense de calandrer les toiles qui doivent être imprimées au *cylindre* ou à la planche *plate*.

CHAPITRE II

MORDANTS POUR L'IMPRESSION DES TOILES.

On ne doit employer ici que des mordants très-solubles, et dont l'acide susceptible d'ailleurs de se volatiliser, n'adhère que faiblement à sa base. De cette manière, on porte le mordant sur l'étoffe dans un plus grand état de concentration, et la base de la dissolution saline venant à s'y déposer toute entière, par la décomposition complète du sel et le dégagement de la totalité de l'acide, il s'ensuit qu'on parvient à obtenir des couleurs très nourries. L'acétate d'alumine, l'acétate de fer, les diverses solutions d'étain remplissent parfaitement toutes les conditions dont on vient de parler : aussi ces sortes de mordants sont-ils très-fréquemment employés dans l'impression des toiles.

Les mordants dont on fait usage dans l'impression des toiles sont à peu près les mêmes que ceux qui servent à donner de la solidité aux couleurs sur le coton ; mais la manière de les appliquer est tout-à-fait différente. On conçoit en effet que le mordant ne peut adhérer à la planche qui doit le porter sur la toile, qu'autant qu'il sera suffisamment épaissi, et on juge qu'il est arrivé à ce point, lorsqu'il conserve sur la toile où il a été imprimé, les contours de l'objet gravé sur la planche.

En général, on épaissit avec 500 grammes de gomme arabique, ou quelquefois 60 grammes de gomme adragante, par pot ou deux litres de mordant, pour les couleurs fines et délicates, et avec 120 grammes d'amidon par litre de mordant, pour les couleurs fortes.

Il faut avoir soin de passer la dissolution de gomme au tamis.

On remplace quelquefois la gomme par l'amidon légèrement torréfié, qui, par ce moyen, acquiert la propriété de se dissoudre dans l'eau, comme la gomme, à la température ordinaire. L'amidon réduit en poudre se torréfie dans une poêle à une douce chaleur, ayant soin de remuer continuellement avec une spatule de bois, jusqu'à ce que la matière ait acquis une couleur gris-cendrée.

L'amidon ainsi préparé prend une saveur douce, mucilagineuse, et devient entièrement soluble dans l'eau froide. L'eau chaude en dissout davantage. Dans les deux cas, la dissolution acquiert une transparence parfaite, semblable à une dissolution de gomme. Si l'on évapore jusqu'à siccité, on obtient une masse solide, cassante, soluble dans l'eau, et qui, comparée à la gomme, n'offre aucune différence.

Ces faits prouvent que l'amidon se convertit par la torréfaction en une matière analogue à la gomme, c'est-à-dire au principe muqueux.

§ Ier. — MORDANTS POUR ROUGES.

240 litres d'eau bouillante ;
  75 kilog. d'alun très pur ;
  25 kilog. d'acétate de plomb ;
   3 kilog. de potasse ou de soude du commerce ;
   3 kilog. de craie ;
   1 kilog. 500 gr. de bois de Fernambouc moulu.

Dans une cuve capable de contenir 400 litres, et remplie en partie avec les 240 litres d'eau bouillante, on met l'alun réduit en poudre, et on verse la décoction de Fernambouc ; on agite jusqu'à ce que l'alun soit fondu, puis on ajoute l'acétate de plomb aussi réduit en poudre. On agite avec soin pendant quelque temps, et quand la liqueur commence à s'éclaircir, on met d'abord la potasse, puis la craie, par petites portions, pour éviter une trop grande effervescence ; on agite encore pendant une heure, on laisse reposer, et on prend le clair à mesure qu'on en a besoin.

On donne de la couleur à ce mordant, parce qu'il

7

BIBLIOTHÈQUE IMPR.

n'en a point par lui-même, et qu'il est cependant nécessaire qu'il en ait une pour guider l'imprimeur dans son travail.

Du reste, il est aisé de voir ce qui se passe dans l'opération. L'alun et l'acétate de plomb se décomposent mutuellement, et il se forme d'une part du sulfate de plomb qui se précipite, et de l'autre, de l'acétate d'alumine qui reste en dissolution dans la liqueur. Celle-ci contient en outre un peu de sulfate de potasse ou de soude, et même du sulfate de chaux ; mais ces deux sels ne nuisent point à la couleur rouge que ce mordant doit produire après le garançage. Il serait facile d'éviter la présence de ces deux derniers sels dans la formation de ce mordant, en supprimant la potasse et la craie ; mais alors il faudrait employer au moins le double de la quantité d'acétate de plomb qui a été prescrite ; ce qui augmenterait considérablement le prix de ce mordant, dont la composition varie d'ailleurs beaucoup dans les différents ateliers.

On épaissit pour le fort rouge avec l'amidon. Ce fort rouge se nomme *premier rouge*.

Si l'on veut des rouges d'un ton plus faible, on épaissira le mordant avec la gomme comme il va être dit.

Pour le *second rouge*, on épaissira trois litres du mordant avec 1 kilog. 250 grammes de gomme que l'on aura fait dissoudre dans un litre d'eau froide. On mêlera bien le tout en agitant pendant un temps suffisant.

Pour le *troisième rouge*, on mêlera 2 litres du mordant avec la dissolution de 2 kilog. 500 gr. de gomme faite avec 6 litres d'eau froide.

Il sera donc aisé de se procurer tous les rouges, depuis le plus foncé jusqu'au rose le plus tendre.

Le mordant de rouge dont on vient de donner la composition sert aussi pour les jaunes de gaude, de bois jaune et de quercitron, avec toutes leurs nuances.

§ II. — MORDANTS POUR NOIR.

12 litres de liqueur de ferraille ou de tonne au noir.
120 grammes de couperose verte.

Faites dissoudre la couperose dans la liqueur; et, après avoir décanté le clair, délayez-y peu à peu 2 kilog. d'amidon; chauffez dans une chaudière, en remuant sans cesse, et retirez quand l'amidon sera bien cuit.

§ III. — AUTRE MORDANT POUR NOIR.

Sur 4 kilog. de liqueur de ferraille, on prend environ 1 kilog. 250 gr. de farine superfine de froment que l'on détrempe peu à peu avec une portion de la liqueur; on ajoute le surplus, et on le laisse en repos pendant douze ou vingt-quatre heures, et même plus longtemps encore. On fait ensuite bouillir pendant une demi-heure, ou jusqu'à ce que le mélange ait acquis la consistance d'une pâte; on retire alors la chaudière du feu; on agite le mordant jusqu'à ce qu'il soit refroidi; on le passe à travers un linge ou un tamis, et on s'en sert pour l'impression.

Ces mordants donnent un beau noir par le bain de campêche, et surtout par le garançage.

§ IV. — MORDANTS POUR VIOLETS.

Les différentes nuances de violets se font toutes avec une dissolution quelconque de fer plus ou moins forte. Chaque manufacture a son procédé particulier, et dans lequel la dissolution ferrugineuse est modifiée, soit par l'alun, le nitre, le sel marin ; soit par l'addition de sels à base de cuivre qui donnent un ton de rouge ou de bleu, qui domine plus ou moins.

Premier Violet. 16 litres de liqueur de ferraille ; 8 litres d'eau ; 120 grammes de vitriol de Chypre. On épaissit avec la gomme réduite en poudre, à raison de 500 grammes par litre.

Deuxième Violet. Mêler trois parties du mordant ci-dessus, avec une partie d'eau, et épaissir aussi comme ci-dessus.

Troisième Violet. Étendre deux parties du mordant du premier violet avec trois parties d'eau.

On fera de cette manière toutes les nuances, depuis le gros violet jusqu'au lilas le plus faible.

En combinant le mordant de rouge avec le mordant de noir ou de violet, dans certaines proportions, on se procurera aisément un très grand nombre de couleurs. Voici quelques exemples :

Couleur de Café. 10 litres de liqueur de ferraille ; 2 litres de mordant de premier rouge ; 4 litres d'eau. Épaissir avec l'amidon.

Couleur de Puce ou Carmélite. 3 litres de mordant de premier rouge ; 1 litre de liqueur de ferraille.

Brun foncé. 2 litres de mordant de rouge ; 1/2 litre de liqueur de ferraille.

Couleur Marron. 2 litres de mordant de violet ; 1 litre de mordant de rouge ; 250 grammes de couperose verte, que l'on fera dissoudre dans le mélange des deux mordants ci-dessus.

Mordoré. 8 litres de mordant pour violet ; 12 litres de mordant pour rouge.

Lilas foncé. 1 litre de mordant de violet ; 1 litre de mordant de deuxième rouge.

Lilas clair. 1 litre de mordant pour violet ; 3 litres de mordant de deuxième rouge.

Couleur de Musc. 1 litre de mordant pour rouge ; 3 litres de mordant pour noir.

Couleur Incarnat (entre la couleur de Cerise et la couleur de rose). 10 litres de mordant de rouge ; 1 litre de mordant de noir.

Couleur d'Olive. Gaudage sur mordant de premier, deuxième ou troisième violet.

Couleur Réséda. Gaudage sur mordant de puce.

CHAPITRE III

DES COULEURS D'APPLICATION

On donne ce nom à des couleurs épaissies, tantôt à la gomme, tantôt à l'amidon, et qui s'appliquent immédiatement sur la toile.

De ces couleurs, deux seulement sont solides ; savoir : le bleu d'indigo et le jaune de rouille.

§ Ier. — BLEU D'APPLICATION,

Dans 60 litres d'eau, on fait bouillir, pendant une demi-heure, 7 kilog. 500 gr. de potasse et 3 kilog. de chaux vive, afin de rendre la potasse caustique ; on ajoute ensuite 3 kilog. d'orpiment (sulfure d'arsenic) réduit en poudre fine, et on continue l'ébullition pendant un quart-d'heure, ayant soin d'agiter continuellement avec une spatule. On verse alors dans la chaudière un peu refroidie, de 3 à 4 kilog. d'indigo bien broyé au moulin, et on agite de nouveau jusqu'à ce que l'indigo soit bien dissous, ce que l'on reconnaît lorsqu'une goutte de liqueur, posée sur un verre blanc, paraît jaune. Le bain étant encore chaud, on l'épaissit avec 500 grammes de gomme par 2 litres de liqueur, ou avec 125 grammes d'amidon par litre.

Il faut avoir grand soin de conserver cette préparation à l'abri du contact de l'air, et de ne l'employer qu'autant que sa couleur est jaune ou au moins d'un jaune-verdâtre. Si cette couleur devient bleue, on traitera de nouveau la liqueur avec quelques kilog. de potasse caustique et d'orpiment.

Ce bleu d'application, très employé autrefois, ne l'est presque plus aujourd'hui ; on lui préfère un autre bleu moins solide, il est vrai, mais plus brillant, et que l'on prépare avec le bleu de Prusse, de la manière suivante :

Dans une terrine de grès, on met 125 grammes de beau bleu de Prusse réduit en poudre et passé au tamis très fin ; on verse par dessus peu à peu, et en délayant au fur et à mesure, assez d'acide marin pour amener le mélange à la consistance d'un sirop ; on agite bien d'heure en heure pendant une journée, et on épaissit ensuite avec 8 ou 16 litres d'eau gommée, suivant la nuance que l'on veut obtenir.

§ II. — ROUGE D'APPLICATION.

On fait cuire 500 grammes de bois de Brésil dans 4 litres d'eau, pendant deux heures ; on décante la décoction, et on la réduit à 2 litres. On ajoute alors autant de mordant de rouge qu'il est nécessaire pour déterminer un beau rouge, et enfin on épaissit avec

250 grammes d'amidon. La couleur sera d'autant plus belle que la décoction de Brésil sera plus ancienne.

A défaut de bois de Brésil, on pourra se servir des bois de sapan, de Sainte-Marthe, de Nicaragua, pourvu que l'on ait eu l'attention de les épurer de la couleur fauve qu'ils contiennent.

§ III. — JAUNE D'APPLICATION.

On le prépare en faisant cuire 2 kilog. de graine de Perse ou d'Avignon dans 24 litres d'eau, que l'on fait réduire à moitié. On tire le clair dans lequel on fait fondre 750 grammes d'alun. Pour le jaune clair, on épaissit avec la gomme; et pour le jaune foncé, avec l'amidon. Ce jaune d'application ne résiste pas au savonnage : le suivant est aussi solide qu'agréable.

Autre jaune d'application. Dans 8 litres d'eau, on fait bouillir 2 kilog. d'écorce de quercitron en poudre, jusqu'à réduction de moitié; on passe au tamis, on épaissit avec 1 kilog. 500 gr. de gomme, et on y mêle peu à peu assez de dissolution d'étain pour rendre la couleur d'un jaune brillant. Ce jaune résiste bien aux acides végétaux et au savon. Mis sur un fond bleu, il forme un beau vert; il s'imprime à la planche, ou s'applique au pinceau.

La meilleure dissolution d'étain que l'on puisse employer pour le jaune d'application dont on vient de parler, est celle qui se fait avec un mélange de 100 gr. d'acide marin, 125 gr. d'acide nitrique, et 125 gr. d'eau pure. On fait dissoudre peu à peu, dans cette liqueur, 60 grammes d'étain fin. Lorsque la dissolution est faite, on ajoute 15 grammes de sel de saturne; on agite bien, on laisse reposer et on décante le clair. On emploie 15 grammes de cette dissolution par litre de bain de jaune.

En mêlant au bain de jaune un peu de bain de roucou, on aura des jaunes orangés.

Jaune de rouille. Ce jaune d'application est le plus solide de tous. Il se prépare avec la dissolution de fer dans le vinaigre, ou le bain de *tonne au noir*. On épaissit avec la gomme pour les couleurs claires, et avec l'amidon pour les nuances plus ou moins foncées.

Le jaune de rouille, appliqué sur le bleu, donne un vert foncé, qui sert à faire les tiges de certaines fleurs.

§ IV. — VERT D'APPLICATION.

Cette préparation se compose d'un mélange de bleu et de jaune d'application, dans lequel le jaune domine beaucoup. Le mélange doit se faire peu à peu et avec le plus grand soin, afin de pouvoir s'arrêter à la nuance que l'on veut obtenir.

§ V. — AURORE D'APPLICATION.

On ajoute suffisamment d'alun en dissolution à du bain de roucou, et on épaissit avec la gomme.

§ VI. — NOIR D'APPLICATION.

Sur douze litres de tonne au noir ou de pyrolignate de fer, à 4 degrés du pèse-liqueur de Baumé pour les sels, on ajoute 125 grammes de vitriol de Chypre dissous dans l'eau, et quantité suffisante de décoction de noix de galle pour arriver à un beau noir. On épaissit avec 1 kilog. 750 gr. d'amidon, que l'on détrempe peu à peu dans une portion de la liqueur. On fait cuire, on retire de dessus le feu, et on agite continuellement jusqu'à ce que le mélange soit refroidi. On passe alors au tamis ou à travers un linge.

Autre noir d'application. Dans vingt-quatre litres d'eau, faire cuire 1 kilog. de bois d'Inde, 1 kilog. de sumac et 125 grammes de noix de galle, jusqu'à ce que la liqueur soit réduite à la moitié de son volume; ajoutez alors 1 litre de tonne au noir, faites bouillir jusqu'à réduction de 6 litres; prenez le clair du bain, faites-y dissoudre 60 grammes de vitriol de Chypre et 30 grammes de sel ammoniac; après quoi vous épaissirez avec l'amidon, et vous passerez au tamis avant de vous servir de la composition.

§ VII. — VIOLET ET LILAS D'APPLICATION.

Dans 3 litres d'eau, faites cuire 3 kilog. de bois d'Inde moulu ou en copeaux, jusqu'à réduction de 10 litres; décantez le clair et faites-y dissoudre 30 grammes d'alun par litre de liqueur. Le violet foncé s'épaissit avec l'amidon, et le violet clair avec la gomme, que l'on fait fondre à froid.

Cette couleur s'altère aisément; c'est pourquoi il faut la préparer seulement au moment du besoin, et l'employer aussitôt qu'elle est faite.

CHAPITRE IV

MANIÈRE D'IMPRIMER LES TOILES

On met la pièce de calicot sur une grosse table de bois très solide, et dont la surface soit bien dressée. Des tables de marbre et de pierre dure seraient encore préférables, parce qu'elles ne se déjettent pas comme celle de bois, qu'il faut rabotter de temps en temps pour les redresser.

Ces tables doivent être couvertes de deux tapis de drap ou de serge, bien tendus, et attachés aux quatre coins de la table, de manière qu'on puisse les enlever facilement, et leur en substituer d'autres lorsque les premiers ont été salis par la couleur qui passe quelquefois à travers la toile que l'on imprime.

Pour l'emploi du mordant, on se sert d'un baquet et de deux chassis.

Le baquet est un vaisseau de forme circulaire, dont les bords ont 16 à 17 cent. de hauteur, et dont les douves de la circonférence et les planches du fond soient assemblées avec tant de soin que l'eau ne puisse s'en échapper. On remplit ce baquet à moitié d'une dissolution de gomme amenée à la consistance de la bouillie, ou mieux avec une composition nommée *fausse couleur*, que l'on prépare avec environ 8 décilitres de graine de lin et de 16 décilitres de farine de la même graine ; on délaie le tout dans une quantité d'eau suffisante pour en former une bouillie épaisse.

Sur la fausse couleur, on place un chassis qui entre dans le baquet de manière à laisser autour un espace

de 3 cent. pour lui donner du jeu et avoir la facilité de
le retirer. Les bords de ce chassis ont 8 cent. de hauteur, et son fond est formé par une toile cirée clouée en
dehors sur les bords, de manière que la fausse couleur
ne puisse pénétrer dans son intérieur.

Dans ce premier chassis, que l'on appelle étui, on en
pose un second dont les bords n'ont que 5 à 6 cent. de
hauteur, et fermé à son fond par une pièce de drap fin,
clouée aussi en dehors. Ce deuxième chassis porte ordinairement le nom de *tamis*.

Tout étant ainsi disposé, on étend le mordant avec
une brosse sur le fond du tamis ; c'est ce qu'on appelle
garnir. On prend même la précaution de garnir des
deux côtés le drap qui sert de fond au tamis, afin que
ce drap s'imbibe bien de mordant. Remarquons que
l'on doit avoir autant de tamis qu'il y a de mordants à
appliquer.

Derrière l'imprimeur, un enfant est chargé d'étendre
le mordant sur le tamis à mesure que l'ouvrier a besoin
d'en prendre. Cet enfant l'aide encore à tirer la partie
de la toile imprimée, lorsque la tablée est finie, et à en
amener une autre sur la table, et à l'y étendre de manière qu'elle soit bien unie. Ce dernier ouvrier se nomme
tireur.

Si le mordant ne porte avec lui aucune couleur,
comme l'acétate d'alumine, on le colore ordinairement
avec la décoction de bois de Brésil, ou toute autre couleur ; cette coloration du mordant aide l'imprimeur à
bien distinguer toutes les parties du dessin, à placer sa
planche plus vite et plus régulièrement, et à s'apercevoir s'il manque de mordant. Voici comment le mordant s'applique sur la toile :

L'ouvrier prend d'une main la planche gravée, et l'appuie légèrement sur la surface du tamis, de manière à ce que les traits du dessin prennent une suffisante quantité de mordant. Lorsqu'il juge que la planche en est convenablement chargée, il l'applique sur la toile, et frappe sur la planche avec un maillet, un ou plusieurs coups plus ou moins forts, suivant que le dessin l'exige. L'imprimeur continue ainsi de porter alternativement la planche sur le tamis et sur la toile, jusqu'à ce que toute la pièce soit imprimée de mordant.

Cette impression du mordant exige une foule de précautions pour que l'opération soit exécutée avec toute la régularité commandée par la nature du travail :

1° On doit prendre garde surtout si la planche n'est point *voilée*, *tourmentée* ou *gauche*, ce qui fait qu'elle ne marque pas également partout, et il faut alors la redresser, ce qui se fait en mouillant le côté qui est creux, et en chauffant l'autre côté à un feu doux.

2° Si les quatre *picots d'équerre*, ou points de métal implantés dans la planche, du côté de la gravure, et qui débordent un peu sa surface sont dans un carré parfait, sans quoi il ne sera jamais possible de raccorder exactement le dessin. Outre ces précautions, il en est encore beaucoup d'autres qui ne peuvent se décrire, mais que l'usage et l'expérience feront apprendre aisément.

Lorsque l'indienne doit avoir plusieurs couleurs ; par exemple, du noir, plusieurs rouges, plusieurs violets, etc.; il faut donner autant de mordants qu'il y a de couleurs différentes qui doivent être *rentrées* dans la première planche, dite *planche d'impression*.

Le rentrage des mordants s'exécute au moyen de

planches qui portent le nom de *rentrures*. Ces planches sont gravées sur les mêmes dessins que les planches d'impression, mais de façon qu'elles ne portent les nouveaux mordants que sur les endroits du dessin réservés par les premières planches. On conçoit assez combien il est nécessaire que toutes ces planches aient entr'elles des rapports exacts, sans quoi les couleurs ne se trouveraient pas contenues dans les limites qui doivent les terminer. On ne rencontre que trop souvent ce défaut dans les toiles communes, à cause de la vitesse avec laquelle on travaille, et du peu de soin qu'on apporte à la fabrication. Pour que chaque couleur occupe sur la toile la place qui lui est assignée dans le dessin enluminé, on se sert des *picots de rapport*, qui aident à imprimer les mordants qui doivent s'appliquer à la suite du premier, précisément à l'endroit du dessin où doit tomber la couleur que chacun de ces mordants doit produire. Les picots de rapport se posent sur un bout de feuille ou sur une tige, et il en faut au moins deux ou trois pour obtenir tout le degré de précision dont le travail est susceptible.

Pour imprimer les toiles dont le fond doit être *sable de petits points noirs,* on enfonce dans la planche d'impression autant de *picots* ou autant de petites pointes de fil de *laiton* qu'il doit y avoir de points. Il faut que ces pointes soient unies et limées bien également, pour éviter que la toile n'en soit percée ou égratignée.

On s'y prend à peu près de même pour imprimer un fond *sable de petits points blancs,* qui se nomme *chagrine,* et qui est formé de petits trous placés très près les uns des autres.

Les mouchoirs à double face se font en appliquant la

planche de chaque côté, et si directement que les deux faces semblent avoir été imprimées du même coup de planche.

Aussitôt qu'on cesse de se servir d'une planche, on doit la laver sur-le-champ avec de l'eau claire, pour empêcher que la couleur ne sèche dessus.

Depuis longtemps, on a imaginé d'imprimer au moyen d'un cylindre ou d'une planche plate en cuivre rouge, gravée à la manière de la taille-douce.

L'impression au rouleau réunit à l'avantage d'une grande célérité, celui de la précision et de la netteté.

Ce cylindre, qui est de cuivre jaune, a un mètre dix-sept centimètres environ de long, sur neuf centimètres de diamètre. Il porte sur sa surface un dessin gravé avec le plus grand soin.

Lorsque ce cylindre est mis en mouvement, il se charge de lui-même de la couleur qui doit être épaissie convenablement, et il se nettoie du superflu de la couleur au moyen d'une lame ou couteau d'acier, nommé *docteur*, qui effleure sa surface et qui agit aussitôt que la partie du cylindre qui trempait dans la *boîte* ou réservoir de couleur, s'en échappe. On obtient le degré convenable de pression du cylindre, sur le calicot, au moyen d'un mécanisme très simple, qui permet d'augmenter ou de diminuer la pression à volonté. De cette manière, le cylindre dépose la couleur ou le mordant sur l'étoffe à mesure qu'il roule dessus, et sans discontinuer, depuis le commencement jusqu'à la fin.

À mesure que les toiles s'impriment, elles passent dans une espèce d'étuve, où elles subissent en peu de temps la dessication qu'elles doivent éprouver, de sorte

que le travail s'exécute avec une facilité, une promptitude et une précision singulière.

Le cylindre sert à imprimer des réserves, des mordants, des rongeants sur mordants ou sur couleur, des
couleurs d'application.

Le cylindre est surtout employé pour imprimer sur
les toiles des dessins d'une seule couleur, et à fond
blanc, qu'on nomme *camayeux*. Il y a des camayeux
bleus, rouges, jaunes, violets, etc., de toutes nuances.

Cependant, depuis quelque temps, on a imaginé des
appareils qui font marcher deux, et même trois cylindres, dont chacun porte une petite boîte de couleur
différente, en sorte qu'on peut imprimer à la fois, sur
le même calicot, deux et même trois sortes de couleurs.
Mais nous doutons que ces appareils puissent bien remplir le but qu'on s'est proposé d'atteindre.

Quoi qu'il en soit, on ne peut contester à l'impression
par le cylindre l'avantage d'économiser beaucoup de
temps et de travail, et de rendre les dessins bien plus
corrects que par les moyens ordinaires.

L'impression d'une seule couleur sur calicot deman-
dait trois heures à un homme et à un enfant, et il en
fallait au moins six pour imprimer deux couleurs, tandis qu'au moyen du cylindre, l'opération s'exécute en
trois ou quatre minutes, et beaucoup mieux que par les
procédés anciennement connus.

La planche plate ne diffère du cylindre qu'en ce que
le dessin, au lieu d'être gravé sur une surface convexe,
est tracé sur une surface plane. Du reste, l'impression
s'exécute à peu près de la même manière, à l'aide toutefois d'un mécanisme particulier, et qui a reçu, depuis
peu, quelques perfectionnements. Ainsi que le cylindre,

la planche plate ne sert que pour les fonds blancs et les camayeux ; mais l'impression au cylindre est généralement préférée, quoique les avances à faire, pour ce dernier genre d'impression, soient beaucoup plus considérables.

Lorsque le dessin, confié au cylindre, vient à s'user ou à passer de mode, on met le cylindre sur le tour, et après avoir poli sa surface, on y grave un nouveau dessin plus agréable et plus assorti au goût des consommateurs ou aux caprices de la mode.

Il y a des fabriques d'indiennes où l'on trouve plusieurs cylindres, dont chacun porte un dessin particulier. Ceci suffit pour donner une idée de l'immense quantité de toiles que ce genre particulier d'impression peut fournir au commerce, indépendamment des indiennes ordinaires. Cependant, quoique le nombre des indienneries augmente tous les jours, et malgré la quantité presque incalculable de produits qui en sortent, cet article de commerce est toujours en grande faveur.

Après que les pièces ont été imprimées de tous leurs mordants, on les porte à l'étendage, dans une étuve où on les tient, au moins pendant vingt-quatre heures, exposées à une température de 25 à 30 degrés Réaumur. A ce degré de chaleur, les acides employés dans la préparation des mordants se vaporisent, et les bases de mordants se fixent solidement sur les toiles.

Si, dans l'impression, on s'est servi de quelques solutions ferrugineuses, comme on fait pour les noirs, les olives, etc., il faut, au sortir de l'étuve, exposer les toiles pendant plusieurs jours à l'air atmosphérique : par ce moyen, les couleurs prennent plus d'intensité.

Les pièces étant séchées à fond, on les porte au lavoir, on les jette à l'eau, et on les y laisse tremper deux ou trois heures; on les bat ensuite sur le pont, ou bien on les passe à diverses reprises entre les cylindres cannelés, et on les laisse égoutter.

Mais comme, malgré ce lavage, les toiles pourraient conserver et conservent souvent, surtout en hiver, quelques portions de mordant qui ne sont pas combinées avec la toile, et qui, en se délayant dans la teinture, pourraient tacher le blanc ou altérer quelques parties du dessin, on achève de les en purger en les passant, pendant une demi-heure, et à une température voisine de l'ébullition, dans de l'eau où l'on a délayé assez de bouse de vaches, pour faire verdir le bain. On les lève ensuite, on les rince de nouveau en eau courante, et on les fait bien égoutter. Cette opération se nomme *fumage*.

Nous remarquerons ici que l'effet du bain précédent ne paraît pas se borner seulement à nettoyer les pièces des portions de mordants non combinées, mais qu'il est à présumer que les toiles que l'on y fait passer, en reçoivent quelques matières animales qui agissent comme nouveau mordant, ce qui rend la combinaison des matières colorantes plus intime qu'elle ne l'aurait été, et rehausse en même temps le ton des couleurs. L'expérience semble avoir prononcé irrévocablement sur ce point.

Pour compléter ce qui regarde la manière d'imprimer les toiles au moyen des mordants, nous placerons ici quelques détails d'autant plus importants qu'ils serviront à guider l'indienneur dans l'ordre des opérations qui constituent la marche qu'il convient de suivre pour bien exécuter certain genre d'indienne.

Ce genre comprend les indiennes dites *à une main*, *à deux*, *trois*, *quatre*, *cinq*, *six*, etc., *mains*, suivant qu'elles passent une fois seulement, ou deux, trois, quatre, cinq, six fois par la main de l'imprimeur.

Quelques exemples de la manière dont on doit s'y prendre pour fabriquer chacune des espèces d'indienne, qui appartiennent à ce genre, suffiront pour diriger l'artiste dans l'exécution d'un dessin quelconque.

INDIENNE A UNE MAIN.

Premier Exemple.

Couleur de dessin : Violet sur fond blanc.
Procédé d'exécution : 1° Impression du mordant de violet ; 2° passage en bouse et lavage ; 3° garançage ; 4° sonage et exposition sur le pré pendant quelques jours pour nettoyer le fond.

Deuxième exemple.

Couleurs du dessin : Noir sur fond jaune.
Procédé d'exécution : 1° Bain de mordant de jaune ; 2° gaudage ; 3° noir d'application.

INDIENNE A DEUX MAINS.

Premier exemple.

Couleurs du dessin : Premier olive et deuxième olive sur fond blanc.
Procédé d'exécution : 1° Impression du mordant de

premier olive; 2° impression du mordant de deuxième olive; 3° gaudage.

Deuxième exemple.

Couleurs du dessin : Rouge et bleu sur fond blanc.

Procédé d'exécution : Impression du mordant de rouge; 2° garançage; 3° impression par le rentreur du bleu d'application.

Troisième Exemple.

Couleurs du dessin : Jaune et noir sur fond blanc.

Procédé d'exécution : 1° Impression du mordant de jaune, gaudage; 2° impression du noir d'application.

INDIENNE A TROIS MAINS.

Exemple.

Couleurs du dessin : Premier olive, deuxième olive, et jaune sur fond blanc.

Procédé d'exécution : 1° Impression du mordant de premier olive; 2° impression du mordant de deuxième olive; 3° impression du mordant de jaune; 4° gaudage.

La troisième main aurait pu s'exécuter par l'impression du jaune d'application.

INDIENNE A QUATRE MAINS.

Exemple.

Couleurs du dessin : Noir, rouge, violet et jaune sur blanc.

Procédé d'exécution : 1° Impression du mordant de noir ; 2° impression du mordant de rouge ; 3° garançage ; 4° impression du jaune d'application, ou bien mordant de jaune et gaudage.

INDIENNE A CINQ MAINS.

Exemple.

Couleurs du dessin : Noir, rouge, violet, jaune et bleu.

Procédé d'exécution : 1° Impression du mordant de noir ; 2° impression du mordant de rouge ; 3° impression du mordant de violet ; 4° garançage, rentrage du bleu, et ensuite du jaune.

INDIENNE A SIX MAINS.

Exemple.

Couleurs de dessin : Premier olive, deuxième olive, noir ; premier rouge, deuxième rouge, et jaune sur blanc.

Procédé d'exécution : 1° Impression du mordant de noir ; 2° impression du mordant de premier rouge ;

3° impression du mordant de deuxième rouge ; 4° garançage ; 5° impression du mordant de premier olive ; 6° impression du mordant de deuxième olive ; 7° impression du mordant de jaune ; 8° gaudage.

On voit par ces exemples qu'il serait aussi facile qu'inutile de multiplier, combien il est aisé de varier les couleurs des dessins, en les combinant avec goût, une à une, deux à deux, trois à trois, etc., sans compter le blanc, et comment on doit procéder dans l'exécution.

Mais il s'en faut beaucoup que l'on fasse aujourd'hui des indiennes aussi chargées de couleur qu'il s'en fabriquait autrefois. Il est même assez rare que l'on excède le nombre de trois mains, à raison du haut prix auquel le travail devrait nécessairement élever l'indienne.

Quant à la manière de procéder à l'impression des toiles en petit teint, nous nous contenterons d'en donner un exemple qui suffira pour guider dans tous les cas.

Couleurs du dessin : Violet, noir, rouge et jaune sur *blanc*.

Procédé d'exécution : On applique successivement ces quatre couleurs d'application, dans l'ordre où elles sont ici énoncées.

Les indiennes de grand teint, après avoir été imprimées, séchées et lavées des mordants, sont prêtes à être garancées.

CHAPITRE V

DU GARANÇAGE, ET DE LA MANIÈRE DE BLANCHIR LES FONDS.

Le garançage des toiles est une des opérations les plus

importantes de l'art du fabricant d'indienne ; car c'est du garançage que dépendent la beauté et la solidité des couleurs.

Pour passer les pièces en garance, après qu'elles ont reçu leurs mordants, on remplit d'eau de rivière une chaudière bien propre, et on ajoute 750 grammes de bonne garance de Hollande par pièce fond blanc. Si les pièces sont à fond de couleur, il en faut 1 kilog. 500 gr. par pièce, surtout si les fonds sont rouges ou noirs. On délaie bien la garance dans l'eau, et on met le feu sous la chaudière ; lorsque le bain commence à chauffer, on y passe les pièces que l'on a attachées ensemble en les nouant par les deux coins de chaque bout : on les dévide en les tenant au large sur le moulinet, tandis que deux ouvriers, tenant chacun un bâton à la main, les enfoncent à mesure pour les empêcher de s'entortiller, et pour que la partie colorante s'applique bien partout. Quand les pièces sont dévidées, on tourne le moulinet en sens contraire, et on continue cette manœuvre jusqu'à ce que le bain soit parvenu à l'ébullition, ce qui ne doit arriver que dans l'espace de sept quarts d'heure à deux heures, et ce qui suppose que l'on a pris soin de bien graduer la chaleur. On laisse bouillir pendant sept à huit minutes, quelquefois plus, quelquefois moins, suivant que l'on s'aperçoit que les couleurs se brunissent. Lorsque l'ouvrier juge que les pièces ont pris assez de couleur, on les retire en les dévidant sur le tourniquet, de dessus lequel on les enlève aussitôt qu'elles sont égouttées, pour les mettre au piquet dans la rivière, précaution sans laquelle les pièces se tacheraient, et les couleurs se terniraient.

Un seul garançage suffit pour les toiles à fond blanc,

mais il en faut deux pour les toiles qui sont à fond de couleur. La première se donne avec 500 grammes de garance par pièce, mais seulement jusqu'à ce qu'on ne puisse plus tenir la main dans le bain, et que les couleurs se distinguent bien ; on enlève alors les pièces, et on les porte à la rivière pour les faire dégorger. Pendant ce temps, on vide et on nettoie bien la chaudière ; on prépare un nouveau bain avec 1 kilogramme de garance par pièce ; on conduit le garançage comme le premier, si ce n'est qu'à la fin on fait bouillir un quart d'heure tout au plus.

Lorsque les toiles ont été garancées, il faut enlever aux fonds blancs les taches rouges ou jaunes dont ils sont chargés dans le bain.

Pour remplir cet objet, on laisse tremper les toiles ; au sortir du bain, on les bat bien sur le pont ou à la mécanique, et on les expose pendant quatre ou cinq jours sur le pré, de manière que le beau côté soit en dessous. On maintient les pièces en les attachant aux quatre coins à de petits piquets, et, de distance en distance, le long des lisières. Lorsque les toiles commencent à sécher, on les arrose avec une *écope*, surtout lorsque le soleil est ardent. Aussitôt qu'elles commencent à blanchir, on les passe dans un bain de bouse de vache ; on les fait même bouillir dans l'eau de son, et on répète ces débouillis jusqu'à ce que les blancs soient bien éclaircis.

On a proposé, pour blanchir les fonds qui doivent rester blancs, une méthode qui consiste, 1° à tenir les toiles, bien lavées et bien battues, exposées pendant quatre jours sur le pré ; 2° à les passer dans un bain de bouse ; 3° à les exposer encore quatre jours sur le pré ;

4° à les tenir plongées, pendant une demi-heure environ, dans *la lessive de javelle*, étendue de 30 à 36 parties d'eau, et à les mettre au pré pendant deux jours ; 5° à leur donner une seconde immersion, et à les mettre encore sur le pré pendant deux jours, ayant soin de bien laver les toiles, et de les bien battre entre chaque exposition.

On blanchit de même les toiles qui ont été gaudées ; mais comme le jaune est devenu un peu terne, on lui rend toute sa vivacité, en passant les pièces, pendant 4 ou 5 minutes au plus, dans une eau très-légèrement acidulée avec de l'acide hydrochlorique, qui achève d'ailleurs d'enlever les parties de jaune qui pourraient être restées dans le fond ou sur le rouge, et qui en altèreraient l'éclat.

Lorsque les fonds des toiles qui ont été imprimées de mordant de rouge, de noir ou violet, ou de toute autre couleur qui se forme par le garançage, ont été bien nettoyés, on procède alors au rentrage du jaune et du bleu, quand le dessin l'exige.

CHAPITRE VI

IMPRESSION DES TOILES EN PETIT TEINT.

Quoique l'on imprime quelquefois les calicots en petit teint, cependant cette manière n'est guère employée que pour imprimer des mousselines, et des indiennes dont l'impression a été mal exécutée, ou dont le dessin n'est plus de mode. On fait encore usage de ce moyen d'impression sur des toiles qui ont servi soit pour ameublement, soit pour vêtement.

On commence par enlever les couleurs primitives, en les soumettant d'abord à l'action d'une lessive alcaline et du chlore, puis à l'exposition sur le pré ; et lorsque les toiles sont blanches, on les imprime, mais à l'envers, c'est-à-dire du côté opposé à celui qui avait été d'abord imprimé.

Les *rouges* se font avec la décoction des bois de Brésil ou de Fernambouc, de Sainte-Marthe, etc.

On obtient les *jaunes* de toutes nuances par la graine de Perse, la graine d'Avignon, la terre-mérite et le roucou.

Le *bleu*, le *violet*, le *noir* et le *gris* se font par le bois d'Inde ou le Campêche.

§ I. — NOIR.

Dans 24 litres d'eau, faites cuire 1 kilog. de bois d'Inde, 1 kilog. de sumac, et 250 gr. de noix de galle, jusqu'à réduction de moitié ; ajoutez alors 1 litre de vinaigre, et continuez de faire bouillir jusqu'à réduction de 6 litres ; prenez alors le clair du bain, faites-y dissoudre 60 gr. de couperose et 15 gr. de vitriol de Chypre. Epaississez à l'amidon, passez au tamis, et imprimez la couleur.

§ II. — ROUGE.

Faites dissoudre environ 45 à 60 gr. d'alun par chaque litre de décoction de bois de Brésil vieux, cuit, et épaississez avec l'amidon.

On rendra la couleur plus agréable et un peu plus

solide en y ajoutant quelques gouttes de dissolution d'étain.

Si l'on veut que le rouge tire sur le pourpre, on y mêlera un peu d'eau de chaux ou de lessive de soude.

§ III. — VIOLET ET LILAS.

On fera cuire 1 kilog. 500 de bois d'Inde avec 15 litres d'eau, jusqu'à réduction de 5 litres, et on fera dissoudre 30 gr. d'alun dans chaque litre de décoction.

Le violet foncé s'épaissit avec l'amidon, et le violet clair avec la gomme, que l'on fait fondre à froid dans la décoction.

On ne doit préparer cette couleur qu'à mesure du besoin, et il faut s'en servir aussitôt qu'elle est faite.

On obtiendra des nuances variées de couleurs très-agréables, en mêlant ensemble les décoctions de bois de Fernambouc et de bois de Campêche, soit à parties égales, soit en faisant que l'une des décoctions domine plus ou moins sur l'autre, et en ajoutant au mélange quelques gouttes de dissolution d'étain. On épaissira avec la gomme ou avec l'amidon, suivant l'intensité de couleur que l'on voudra se procurer.

§ IV. — BLEU.

Dans 1 litre de décoction de bois d'Inde chaude et récemment préparée, on fait dissoudre 15 gr. de vitriol de Chypre, et on l'épaissit avec la gomme.

Cette couleur paraît noirâtre lorsqu'on l'imprime, mais elle prend au lavage une assez belle nuance de bleu.

On fait aussi un beau bleu avec le bleu de Prusse.

§ V. — JAUNE.

Ce jaune est le même que celui qui est préparé avec la décoction de la graine d'Avignon.

§ VI. — AURORE.

On obtient cette couleur en épaississant avec la gomme du bain de roucou, auquel on a ajouté de la dissolution d'alun.

§ VII. — VERT.

Faites bouillir 3 kilog. de gaude et 1 kilog. de bois d'Inde dans 24 litres, jusqu'à réduction du tiers ; décantez le clair, et versez sur le marc 12 litres d'eau, que vous ferez réduire à 2 par l'ébullition ; décantez cette seconde décoction, que vous mêlerez avec la première, faites dissoudre dans le mélange 30 gr. de vert-de-gris, et épaississez avec la gomme ou avec l'amidon.

CHAPITRE VII

IMPRESSIONS DES TOILES PAR RÉSERVE.

Les toiles imprimées en réserve sont ainsi appelées, parce que la couleur n'atteint pas la surface entière de la toile, mais quelques parties seulement.

Cet effet ne peut évidemment être produit qu'autant

que les parties de la toile qui ne doivent pas être teintes, et qui, quelquefois doivent rester blanches, se-
ront défendues contre l'action du bain colorant. Or,
c'est à quoi l'on est parvenu au moyen d'une composition particulière à laquelle on a donné le nom de
réserve.

La réserve se compose du bain de réserve et de l'é-
paississage.

Bain de réserve.

Pour préparer le bain de réserve, dans 1 litre d'eau
on fait dissoudre 180 grammes de sulfate de cuivre,
90 grammes de vert-de-gris, 60 grammes d'alun et
125 grammes de gomme arabique.

Autre Bain.

Dans deux litres, faites dissoudre 120 grammes de
vitriol de Chypre, et 180 grammes de vert-de-gris,
ajoutez 500 grammes de gomme arabique, et lorsque
celle-ci sera fondue, passez au tamis fin, ou laissez reposer et décantez.

Epaississage.

Pour épaissir le bain, on délaie 500 grammes de
terre à pipe, bien tamisée dans 100 grammes d'eau ; à
cette bouille épaisse, on mêle avec soin le bain de réserve, et on broie bien le tout avant de s'en servir.

La réserve s'imprime sur les toiles comme les mordants, si ce n'est qu'on l'étend sur un châssis dont le

fond est garni de peau bien unie; et qu'on doit l'appliquer bien légèrement avec la planche ; on se contente par conséquent de frapper la planche avec la main et non avec le maillet; cependant certains dessins veulent quelquefois être frappés avec le maillet.

Vingt-quatre heures après l'impression, on peut passer les toiles dans le bain colorant.

Commençons par le cas le plus simple, où il s'agit de réserver du blanc sur un fond qui doit être bleu. La réserve ayant été appliquée et bien séchée, on passe dans une cuve de bleu à froid de la manière suivante :

On attache les pièces par les lisières sur des cadres garnis de petits clous à crochet ; les barres du haut de ces cadres sont mobiles dans des coulisses, et se fixent, par des chevilles, suivant la largeur de la toile. On attache les cadres à une corde avec laquelle on les élève, on les abaisse, et on les change de cuve à volonté. En sept ou huit minutes d'immersion, les toiles prennent tout le bleu dont elles peuvent se charger.

Lorsqu'on a atteint la nuance de bleu que l'on désire, on retire les pièces de la cuve, et on laisse bien égoutter au-dessus de la cuve.

Les pièces étant bien égouttées et séchées, on les passe dans un bain d'eau légèrement acidulée par l'acide sulfurique : opération qui a pour but d'enlever aux toiles les molécules de chaux suspendues dans le bain colorant, et qui, en restant sur la toile, en terniraient la couleur.

Au sortir du bain précédent, les toiles sont portées de suite à la rivière, où on les laisse tremper jusqu'à ce que toute la réserve soit emportée. Les toiles portent alors des fleurs blanches sur un fond bleu, et se nomment, dans le commerce, toiles *bleues en réserve.*

Le fond est ordinairement d'un bleu foncé. On arrive à ce fort bleu en passant successivement les toiles d'une cuve à l'autre, en commençant par la plus faible et finissant par celle qui est la plus chargée d'indigo, jusqu'à ce qu'elles soient devenues assez hautes en couleur.

Lorsque les toiles sont finies, on les lave bien, et on les expose quelques jours sur le pré.

La théorie de la réserve est très-simple : l'oxide de cuivre qui fait la base de la réserve, restitue à l'indigo l'oxigène qui lui avait été enlevé par le sulfate de fer ; l'indigo réoxigéné perd donc sa dissolubilité, et ne peut par conséquent se fixer sur l'étoffe.

Puisque la réserve, destinée à rendre nulle l'action de l'indigo, n'agit essentiellement que par l'oxide de cuivre qu'elle contient, il s'en suit que les proportions de cet oxide ne sont point indifférentes, et que la mesure ne remplira parfaitement le but qu'on se propose, qu'autant que la quantité d'oxide de cuivre que peuvent fournir le sulfate et l'acétate de ce métal, s'y trouvera en dose suffisante pour rendre nulle l'action de l'indigo. Si cette condition n'était pas remplie, une portion du bain colorant attaquerait la partie réservée, et le blanc serait gâté.

Le même inconvénient aurait lieu si la réserve n'avait pas été suffisamment épaissie, ou assez bien séchée pour l'empêcher de *couler.* C'est même pour prévenir plus sûrement cet effet qu'on est dans l'usage d'ajouter de l'alun dans le bain de réserve. On suppose que l'alun, en resserrant les fibres de la toile, oppose un obstacle de plus à l'introduction du bain colorant dans la partie réservée. Cependant cet usage n'est pas général, ce qui prouve qu'on peut sans inconvénient se dispenser de le suivre.

Les proportions absolues ou relatives de sulfate et d'acétate de cuivre qui entrent dans le bain de réserve, varient suivant les ateliers.

On conçoit aisément que les quantités absolues de l'un ou de l'autre sel doivent être les moindres possibles, si l'on se rappelle l'effet qu'ils produisent sur l'indigo ; si les sels cuivreux étaient en trop grande quantité dans la réserve, leur effet s'étendrait à l'indigo lui-même, tenu en dissolution dans la cuve.

Quant aux proportions relatives, tantôt c'est le sulfate de cuivre qui domine, comme dans la réserve suivante :

Sulfate de cuivre	10	kilogr.
Acétate de cuivre	6	—
Gomme	8	—
Alun	2	—
Eau	32	litres.

Tantôt on emploie plus d'acétate et moins de sulfate. Ainsi, on compose quelquefois le bain de réserve avec :

Sulfate de cuivre	8	kilogr.
Acétate de cuivre	12	—
Alun	2	—
Gomme	8	—
Eau	8	litres.

L'épaississage se fait toujours à la terre de pipe.

Les toiles imprimées en réserve offrent un grand nombre de variétés.

On donne ordinairement le nom de *bleus en réserve* aux toiles qui portent du blanc sur du bleu, ou deux bleus, ou du blanc sur deux bleus ; et on appelle *réserves* en général, les toiles dans lesquelles aux couleurs précédentes, on ajoute du vert, du jaune, du rouge.

Dejà nous avons indiqué de quelle manière s'impriment les toiles qui portent du blanc sur du bleu; voici de quelle manière se font les autres bleus en réserve : il suffira d'indiquer les opérations.

Bleu de ciel sur bleu foncé : 1° Teindre la toile en bleu de ciel ; 2° appliquer la réserve ordinaire ; 3° passer la toile sur une forte cuve de bleu. On avive, on lave et on fait sécher.

Bleu de ciel, bleu foncé et blanc : 1° Appliquer la réserve ; 2° teindre en bleu de ciel ; 3° appliquer de nouveau la réserve; 4° passer en cuve suffisamment forte.

Bleu foncé, bleu de ciel, vert, jaune et blanc : 1° Imprimer la réserve ; 2° passer dans une cuve faible, en donnant deux ou trois trempes, sécher, aviver par l'acide sulfurique très-étendu d'eau, laver, sécher de nouveau ; 3° imprimer de nouveau avec la réserve ordinaire ; 4° teindre dans une cuve plus forte que la précédente jusqu'à ce que le bleu soit assez fort ; sécher, aviver comme précédemment, laver, faire sécher ; 5° imprimer avec le mordant de rouge, et sécher ; 6° gauder ou quercitronner. Le mordant appliqué sur une portion de blanc, et sur le petit blanc, donne du jaune et du vert ; dans les parties blanches qui n'ont pas été touchées par le mordant, il reste du blanc ; de même que les parties du petit bleu non couvertes par ce même mordant, fournissent le petit bleu.

Il se fait aussi des réserves sur soies : par exemple, sur les mouchoirs nommés *foulards*, la réserve se nomme à *la cirage*. On fait liquéfier un mélange de suif et de résine, et on l'applique sur la soie avec une planche ; la réserve étant imprimée, on passe dans un bain bleu ; les parties réservées étant défendues contre l'action de l'indigo, restent blanches, tandis que le reste prend une couleur de bleu solide.

Bleu de ciel, rouge et blanc : 1° Appliquer la réserve ordinaire, 2° appliquer le mordant de rouge épaissi avec la terre à pipe, et sécher ; passer en cuve de bleu faible pour avoir du bleu de ciel ; laver à la rivière, garancer, laver et mettre sur le pré pour nettoyer le blanc.

On peut imprimer deux bleus sur un fond blanc sans avoir recours à la réserve. Les toiles ainsi imprimées se nomment *bleus de faïence* ou *bleus anglais*.

Les deux bleus se tirent, l'un et l'autre, de l'indigo seul, mais dont on modifie la couleur en le broyant, avec les trois cinquièmes de son poids de sulfate de fer très-pur, et qui surtout ne contiennent point de sels à base de cuivre : l'indigo doit être de la première qualité.

L'indigo étant ainsi préparé, on l'épaissit avec poids égal d'eau gommée, pour le premier bleu, et avec cinq fois son poids d'eau gommée, pour le second bleu ou bleu clair.

Comme l'épaississage se fait difficilement, il faut avoir soin d'agiter le mélange pendant longtemps, et de le passer ensuite au tamis de crin, à deux reprises différentes.

Les dessins que l'on exécute sur cette espèce d'indienne doivent être gravés très-fin ; il s'ensuit que l'épaississage doit aussi être tel qu'il ne puisse boucher ces gravures délicates, ni le *picotage* dont elles peuvent être remplies.

Le premier bleu ou bleu foncé, s'imprime le premier, et on attend qu'il soit sec pour imprimer le bleu clair ou le second bleu. Lorsque les deux bleus sont imprimés, on les laisse reposer pendant cinq jours avant de les passer dans les cuves dont nous allons parler.

Ces cuves sont au nombre de 4, savoir : la cuve à la chaux, la cuve à la couperose, la cuve à la potasse, et la cuve à l'huile de vitriol.

On monte la première cuve en mettant environ 22 kilog. 500 de chaux vive dans 300 litres d'eau de rivière ; on agite bien la chaux pendant son extinction, et on laisse reposer.

La seconde se prépare en faisant dissoudre 45 kilog. de sulfate de fer, ou couperose verte bien pure dans 300 litres d'eau. Le bain doit être d'un beau vert ; on ajoute en outre une certaine quantité du même sel, jusqu'à ce que l'eau refuse de le dissoudre.

Dans la troisième cuve, on fait éteindre 45 kilog. de chaux vive, avec 300 litres d'eau ; puis on ajoute 8 à 10 kilog. de potasse ou de soude, et on agite bien le tout.

Enfin on verse, dans la quatrième cuve, 300 litres d'eau à laquelle on ajoute de l'acide sulfurique dans la proportion d'un litre d'acide, sur 60 litres d'eau tiède. On remplace avantageusement cette cuve par la chaudière de plomb qui sert dans les indienneries pour passer les pièces au sûr.

Les toiles étant supposées bien séchées après l'impression, on les attache à des cadres semblables à ceux qui servent pour le bleu réservé, et on les passe dans les cuves, comme il est indiqué dans le tableau suivant :

		minutes.		minutes.
1° Dans la cuve à la chaux,	tremper	5	faire égoutter	4
2° — à la couperose...		30	—	2
3° — à la chaux.......		20	—	2
4° — à la couperose...		30	—	2
5° — à la chaux.......		20	—	2
6° — à la couperose...		30	—	2
7° — à la potasse......		60	—	3 à 4
8° — à l'huile de vitriol		15	—	1

Les passages en cuve étant terminés, on décadre très-promptement les toiles ; on les lave et on les rince à la rivière, jusqu'à ce qu'elles ne rendent plus de bleu.

A mesure que les toiles passent dans les cuves, elles prennent un vert sale qui devient de plus en plus foncé, mais qui disparaît dans l'eau acidulée.

On passe ensuite dans la chaudière de plomb remplie d'eau acidulée par l'acide sulfurique, et un peu tiède, jusqu'à ce que le blanc soit bien découvert ; immédiatement après cette opération, on rince avec le plus grand soin à la rivière ; après quoi on expose les toiles sur le pré, pendant deux ou trois nuits, pour que le fond soit d'un blanc parfait.

Pour assurer le succès de ce genre d'impression, il y a plusieurs précautions à prendre ;

1° Il faut pallier les cuves environ un demi quart-d'heure avant d'y passer les pièces, et répéter cette manœuvre à chaque fois que l'on passe les pièces d'une cuve à l'autre.

2° Il est avantageux de ne pas laisser les cadres tout-à-fait en repos dans les cuves, mais de leur donner un peu de mouvement de temps en temps.

3° On ne doit jamais manquer d'attacher au cadre un petit échantillon qui puisse tremper dans l'eau acidulée, avant que le cadre y soit plongé. Si l'échantillon n'est pas d'un bleu aussi vif qu'il doit être, on ramène le cadre dans la cuve à la potasse, et même d'abord dans celle à la couperose.

Si, faute d'avoir pris la précaution que l'on vient d'indiquer, le bleu faïence était manqué, il faudrait donner aux pièces un débouilli; après quoi on reprendrait la suite des opérations.

4° Il faut alimenter tous les jours la cuve à la chaux en la chargeant de nouvelle chaux vive.

5° Si, après avoir passé cinquante ou soixante pièces dans les deux premières cuves, on s'aperçoit, qu'au passage d'une nouvelle pièce dans la cuve à la chaux pendant cinq minutes, la toile jaunit, c'est une preuve que la cuve à la chaux est chargée de couperose ; il faut alors jeter cette cuve de chaux, et en monter une nouvelle.

CHAPITRE VIII

IMPRESSION DES TOILES PAR LES RONGEANTS.

Ce genre d'impression s'exécute de deux manières : ou en faisant agir le rongeant sur le mordant qui a été appliqué à une toile, ou sur la couleur que la toile a déjà reçue.

Le rongeant qui sert dans le premier cas s'appelle

rongeant *blanc*, parce qu'en détruisant la partie du mordant qu'il a touché, il empêche cette partie de se combiner avec la couleur qu'il aurait prise sans cela, de sorte que cette partie reste blanche.

Le rongeant qu'on fait agir sur une couleur que la toile a déjà reçue, se nomme, dans les ateliers, rongeant *jaune*, parce que son effet est de faire virer au jaune la couleur primitive.

Quoique chacune de ces deux méthodes puisse s'employer isolément, cependant on peut en combiner les effets pour certains dessins, comme nous le verrons plus bas.

Les rongeants se prennent dans la classe des acides, soit minéraux, soit végétaux, ou dans certaines dissolutions métalliques. On fait aussi quelquefois usage de quelques sels en dissolution, ou de sur-sels que l'on met sous forme de réserve.

Les rongeants acides minéraux les plus usités, sont les acides sulfurique, nitrique, hydrochlorique et l'eau régale ; parmi les acides végétaux, ce sont les acides citrique, tartrique, oxalique, auxquels on associe quelquefois l'acide sulfurique en petite quantité, pour aider à leur action. Ces rongeants doivent être épaissis avec la gomme arabique, ou la gomme adragante, ou même avec l'amidon.

Les rongeants tirés des dissoluions métalliques sont la dissolution de sel d'étain, de chlorate de potasse, etc. On se sert aussi de sur-arseniate de potasse, comme il sera dit ailleurs. Donnons maintenant des exemples de la manière d'opérer par l'une ou l'autre des deux méthodes, d'abord séparées, puis réunies.

§ Ier. — IMPRESSION PAR RONGEANT SUR MORDANT.

Ce procédé sert à faire les toiles pour deuil, qui se composent d'un dessin blanc sur un fond noir. On commence par passer la pièce mordant de noir; lorsque ce mordant est bien sec, on imprime le rongeant blanc, préparé avec l'acide nitrique ou l'acide oxalique, épaissi avec l'amidon torréfié; on fait sécher, on lave et on garance. Au sortir du garançage, on lave les pièces, et on les expose sur le pré jusqu'à ce que les blancs soient bien nets.

On voit ici, sans beaucoup d'attention, que toutes les parties de la toile où le mordant n'aura pas été atteint par le rongeant, prendront un noir plus ou moins intense par le garançage, tandis que partout où le mordant aura été détruit, la couleur de la garance ne pourra se combiner à l'étoffe, et qu'il suffira de mettre les toiles sur le pré pour enlever le peu de rouge qui salissait le blanc.

A l'imitation de ce procédé, on se procurera aisément des dessins blancs sur un fond de couleur rouge, carmélite, violet, puce, etc., puisqu'il ne s'agira que de passer d'abord en mordant de l'une de ces couleurs, puis d'appliquer le rongeant blanc, et enfin de garancer.

On se conduirait encore de même si l'on voulait obtenir un dessin blanc sur un fond olive, si ce n'est qu'au lieu de garancer, il faudrait gauder ou quercitronner.

Ces exemples sont plus que suffisants pour guider un artiste intelligent.

§ II. — IMPRESSION PAR RONGEANT SUR COULEUR.

Supposons que le calicot ait été teint dans un bain de campêche, mêlé de dissolution ferrugineuse, la toile prendra le bain dans la couleur noire. Si après que la toile aurait été séchée, on vient à l'imprimer avec une dissolution d'étain convenablement épaissie, la partie ferrugineuse de la toile touchée par le rongeant se détruira, et les places où le mordant aura été atteint par le rongeant, passeront du noir foncé au cramoisi très brillant.

En soumettant au même traitement des calicots teints de différentes couleurs et nuances qui auront été déterminées par divers degrés d'oxidation du fer, on produira une foule de changements, soit dans les couleurs, soit dans les nuances.

Les couleurs même les plus foncées, qui n'ont que le fer pour mordant, disparaissent dans l'action de la dissolution d'étain, qui rend les places où elle a été appliquée d'un jaune assez agréable.

On peut, par une opération semblable, faire sur les toiles des dessins d'un beau vert, en les teignant d'abord d'un bleu clair dans une cuve d'indigo, les passant ensuite dans un bain de sumac et de sulfate de fer, et finissant par un bain de quercitron avec alun. Ici, la couleur verte produite par l'indigo et le quercitron reste masquée, ainsi que les autres couleurs, par l'oxide de fer du sulfate jusqu'à ce qu'on applique la dissolution d'étain, qui fait disparaître les autres couleurs, et donnent aux couleurs qui restent un éclat qu'elles n'auraient pas eu sans cela; parce que la dissolution d'étain rend plus vif le jaune du quercitron, et que de ce jaune vif, associé au bleu, résulte un vert plus brillant.

On peut faire un dessin de couleur aurore sur fond olive, en passant d'abord la toile en bain de sumac et de sulfate de fer, lavant ensuite dans une décoction alcaline de fustet, et en imprimant enfin avec une dissolution incolore d'étain.

Donnons pour dernier exemple la manière de faire un dessin jaune sur olive. La question se réduit à se servir d'un rongeant qui, en détruisant la couleur donnée par le fer, puisse en même temps la faire passer au jaune. Ce rongeant est la dissolution d'étain épaissie comme il a été dit plus haut.

§ III. — IMPRESSION DES TOILES PAR LES MÉTHODES COMBINÉES DES RONGEANTS SUR MORDANT ET DES RONGEANTS SUR COULEUR.

Premier Exemple.

Couleurs du dessin : Olive, jaune et blanc.
Procédé d'exécution : 1° Passer en mordant d'olive; 2° imprimer le rongeant blanc, sécher et laver ; 3° gauder ; 4° imprimer le rongeant jaune.

Deuxième Exemple.

Couleur du dessin : Rouge vif et rouge terne, blanc, jaune et noir sur fond olive.
Procédé d'exécution : 1° Imprimer en mordant le rouge; 2° garancer; 3° passer en mordant d'olive; 4° imprimer le rongeant blanc; 5° gauder; 6° imprimer le rongeant jaune et le noir d'application, et laver.

Quoique les couleurs obtenues au moyen des rongeants, soit sur mordants, soit sur couleur, soient assez belles, cependant nous ne devons pas dissimuler qu'elles ne sont pas aussi solides que celles qui se font par le garançage.

§ IV.— DESSIN BLANC SUR MÉRINOS.

Si l'on veut avoir un dessin blanc sur *mérinos*, c'est-à-dire sur des calicots teints en rouge des Indes, on y parviendra en imprimant la toile ainsi teinte avec une liqueur acide que l'on prépare comme on va le dire : on mêle une partie d'acide sulfurique avec six parties d'eau, et on épaissit avec environ 750 grammes de gomme arabique par 2 litres de liqueur acidée, et on imprime. Aussitôt que la toile est imprimée de rongeant, on la passe dans une dissolution de chlorate de chaux à 18 degrés de l'aréomètre. Le rouge est détruit dans toutes les parties qui ont été touchées par l'acide sulfurique, et on obtient un dessin blanc sur un beau fond rouge.

Ce qui se passe dans cette opération est facile à comprendre. L'acide sulfurique appliqué sur la toile décompose le chlorate de chaux, s'empare de sa base, et met l'acide chlorique en liberté. Celui-ci attaque le rouge, le détruit, et laisse le blanc partout où il lui a été permis d'exercer son action.

CHAPITRE IX

DES LAPIS.

On donne le nom de *lapis* aux toiles qui, après avoir été imprimées de réserves rongeantes et de différents mordants, passent successivement d'abord en cuve de bleu, puis en bain de garance. Si l'on veut du jaune ou du vert, à la suite du lavage de garance, on donne le mordant de jaune, et on passe en gaude ou en quercitron.

Proposons-nous d'imprimer sur la toile un dessin où il entre du blanc, du rouge, du noir, du bleu, du vert et du jaune ? Les toiles étant supposées avoir été parfaitement blanchies, on procédera comme il suit :

1° Appliquer la réserve rongeante; 2° imprimer le mordant de rouge épaissi à la terre de pipe; 3° imprimer le mordant de noir épaissi de la même manière ; 4° quarante-huit heures au plus après l'impression terminée, on passe les toiles en forte cuve : l'immersion doit être de six minutes au plus en deux trempes ; entre chaque trempe, on laisse déverdir pendant 5 minutes ; on porte ensuite les toiles à la rivière, on les y laisse tremper pendant une heure, et on lave ; 5° on passe en bouse ; 6° on passe en son ; 7° on donne le garançage ; 8° on bat avec soin et on fait sécher ; 9° on applique le mordant de rouge, qui sert aussi de mordant de jaune, puis on nettoie bien les pièces ; 10° on passe en bain de quercitron ; après quoi on lave, et enfin on fait sécher.

On peut asseoir le dessin des *lapis* sur un fond bleu, rouge, vert ou puce, etc., ce qui fournit un grand nombre de variétés. La dénomination de *lapis* a été donnée, dans l'origine, à ces sortes de toiles imprimées, parce que le dessin était tracé sur un fond bleu de saphir ou de *lapis lazuli*.

Du reste, en y réfléchissant un peu, on voit aisément comment les différentes couleurs sont ici produites. Le bleu est le produit immédiat de la cuve ; le rouge et le noir sont développés par le garançage, sur les mordants respectifs de ces couleurs. La combinaison du bleu avec le jaune, sur mordant de cette dernière couleur, donne le vert ; le jaune résulte de la partie colorante du quercitron fixée par le mordant de rouge, qui est aussi celui du jaune ; enfin le blanc est déterminé par le rongeant blanc de la réserve rongeante.

TROISIÈME PARTIE

PHÉNOMÈNES PHYSIQUES. — LEUR ACTION EN TEINTURE

CHAPITRE PREMIER

ÉLÉMENTS GÉNÉRAUX

§ I. — DE LA FERMENTATION

La fermentation est un mouvement intestin qui s'excite de lui-même, à l'aide d'un degré de chaleur et de fluidité convenables entre les parties intégrantes et constituantes de certains corps très-composés et dont il résulte de nouvelles combinaisons des principes de ces mêmes corps.

Toutes les matières végétales et animales, dans la composition desquelles il entre une certaine quantité d'huile et de terre subtiles, rendues parfaitement dissolubles dans l'eau par l'intermédiaire d'une matière saline, lorsqu'elles sont étendues dans une suffisante quantité d'eau pour avoir de la liquidité, ou au moins de la mollesse, qu'elles sont exposées à une chaleur depuis quelques degrés au-dessus du terme de la glace, jusqu'à vingt-cinq et au-delà, et que la communication avec l'air ne leur est point absolument interdite, éprouvent d'elles-mêmes un mouvement de *fermentation* qui change entièrement la nature et la proportion de leurs principes.

Mais cette *fermentation* et les nouveaux composés qu'elle produit, diffèrent, tant par leurs propriétés que par leurs proportions, suivant l'espèce particulière de substance dans laquelle la *fermentation* a eu lieu, et suivant les circonstances qui ont accompagné cette *fermentation*.

On distingue trois espèces particulières de *fermentation*, ou, si l'on veut, trois degrés de *fermentation*, relativement aux trois principaux produits qui en résultent.

La première s'appelle *fermentation vineuse* ou *spiritueuse*, parce qu'elle change en vin les liqueurs qui l'éprouvent, et qu'on retire de ce vin un esprit inflammable et miscible à l'eau, qu'on nomme *Esprit de vin*.

La seconde espèce de *fermentation* est appelée *acide* ou *acéteuse*, parce que le produit en est un *acide* ou un *vinaigre*.

La troisième est désignée par le nom de *fermentation putride*. On pourrait aussi la nommer *fermentation alcaline*, parce qu'il se développe beaucoup d'alcali volatil dans les substances qui l'éprouvent.

Toutes les matières qui sont susceptibles de la *fermentation spiritueuse* peuvent éprouver successivement l'acide et ensuite l'alcaline ; mais il y a encore des substances qui, n'étant point susceptibles de la *fermentation spiritueuse*, se portent d'abord à l'acide, et de là à l'alcali ; et d'autres enfin qui ne sont presque susceptibles que de la putréfaction. De même une substance qui, après avoir éprouvé la *fermentation spiritueuse*, a passé à l'acide, ne peut point éprouver de nouveau la spiritueuse, mais passe nécessairement à la putréfaction. Il en est de même de celles qui se portent d'abord à la *fermentation acide*, elles ne sont susceptibles, après cela, que de la putréfaction et non de la *fermentation spiritueuse* : et celles qui passent d'abord à la putréfaction ne peuvent éprouver, du moins d'une manière sensible, la *fermentation acide*, et encore moins la *spiritueuse* ; enfin aucune matière susceptible de *fermentation spiritueuse* ne peut se porter à la putréfaction qu'après avoir passé d'abord par les *fermentations spiritueuse* et *acide*.

Ces considérations ont engagé la plupart des chimistes à regarder ces fermentations moins comme trois opérations distinctes et indépendantes l'une de l'autre, que comme trois degrés principaux et marqués d'un seul et même *mouvement fermentatif*, par lequel la nature tend à résoudre et à mettre, dans un état commun et semblable, tous les corps les plus composés, dans la combinaison desquels entre le principe huileux, c'est-à-dire toutes les substances végétales et animales.

On peut ajouter que tant que les substances végétales et animales, susceptibles de *fermentation*, font partie du végétal ou de l'animal vivant, elles ne subissent la *fermentation* que faiblement, lentement et d'une manière insensible, parce qu'elles en sont préservées par le mouvement vital, et que cette lenteur est nécessaire pour l'économie des végétaux et des animaux. Mais après les cessations de la vie des êtres organisés, alors rien ne suspend plus, dans leurs sucs et dans leurs principes prochains, la disposition qu'ils ont à changer de nature et à se décomposer ; toutes ces substances prennent le *mouvement fermentatif* sensible, chacune au degré où elles en sont, et en parcourent, plus ou moins rapidement et régulièrement, les périodes qui leur restent à subir, suivant le concours des circonstances qui favorisent en général la *fermentation*.

En suivant cette idée, la *fermentation* entière, et prise dans tout son ensemble, ne serait autre chose que la putréfaction, à laquelle tendent naturellement et continuellement tous les végétaux et tous les animaux, lentement et insensiblement pendant leur vie, mais d'une manière sensible et marquée après leur mort.

On a vu, au commencement de cet article, quelles sont les conditions nécessaires pour qu'un corps puisse éprouver la *fermentation*, et de là, il est facile de déduire les moyens propres à l'empêcher ou à la suspendre.

Ces moyens sont : le grand froid, la privation de l'air et de l'eau, enfin une disposition dans les principes du corps *fermentescible*.

Il est à remarquer, au sujet du moyen d'empêcher la *fermentation* dans les substances qui en sont susceptibles, que lorsqu'on n'a employé que le juste degré de chaleur nécessaire pour les priver de leur eau surabondante, et que, par conséquent, on n'a point altéré leur composition, on peut, en les remêlant, quand on le veut avec la quantité d'eau convenable, les rendre tout aussi propres à la *fermentation* qu'elles l'étaient avant leur dessication : ce qui est vrai, surtout des matières susceptibles du premier et du dernier degré de la *fermentation*; l'on en doit conclure que, quoique les produits des *fermentations spiritueuse* et *alcaline*, soient plus volatils que l'eau, les substances fermentescibles ne contiennent néanmoins aucun principe libre qui ne soit moins volatil que l'eau.

Le dernier moyen d'empêcher ou de retarder la *fermentation*, dans les matières qui en sont susceptibles, c'est, comme on l'a dit, de changer la proportion de leurs principes prochains, ce qui se fait facilement en les mêlant avec quelque substance qui puisse s'unir à ces principes et qui ne soit point elle-même susceptible de *fermentation*, comme, par exemple, l'esprit-de-vin, les acides et même toutes les substances salines.

Il n'y a que les substances végétales et animales dans la composition desquelles il entre de l'huile, qui soient susceptibles de la *fermentation* proprement dite.

On peut juger par ce qui vient d'être dit sur la *fermentation en général*, combien cette matière est importante pour la connaissance des substances végétales et animales ; mais on ne peut en avoir une idée juste et suffisante, qu'en réfléchissant attentivement sur les phénomènes particuliers que présentent les différentes espèces ou les différents degrés de *fermentation*.

§ II. —DU FEU LIBRE, DU FEU EN ACTION ET DES DIFFÉRENTS DEGRÉS DE CHALEUR.

L'on considère le feu, sous deux rapports différents : 1° comme entrant réellement en qualité de principe ou de partie constituante dans la composition d'une infinité de corps ; 2° comme étant libre, pur, ne faisant partie d'aucun composé, mais ayant une action très-marquée et très-forte sur tous les corps de la nature, et singulièrement comme un agent très-puissant dans toutes les opérations de la *chimie* et de la *teinture:* c'est sous ce dernier point de vue qu'on va l'envisager dans cet article.

Le *feu* pur, libre, et non combiné, paraît un assemblage de particules, de matière très-subtile, et toutes les propriétés de cet élément indiquent que ses particules sont infiniment petites et déliées ; qu'elles n'ont ensemble aucune cohérence sensible ; enfin, qu'elles sont mues par un mouvement continuel très-rapide.

Il paraît que le calorique, ou ce que nous nommons le *feu*, quel qu'il soit par lui-même, est le plus puissant des agents qu'emploie la nature. Il n'est pas de corps que son action ne volatilise ou ne modifie. Mais cet agent si docile aux volontés de la nature, qui produit sur notre terre des effets si heureux, en y maintenant la *liquidité* des eaux, la *pérennité* des sources, et cette chaleur qui donne et soutient la vie, y produit aussi des effets si terribles, que l'homme a le droit de les compter entre les fléaux, puisqu'ils nuisent quelquefois à son bonheur et à sa conservation.

Il paraît aussi, par cette définition, que le *feu* est un corps fluide par essence : tout semble même prouver qu'il est le seul corps fluide par lui-même, par conséquent la cause de la fluidité de tous les autres, et que sans lui, rien ne contrebalançant la tendance générale que toutes les autres parties de la matière ont les unes vers les autres, elles seraient unies toutes ensemble, et que tout ce qui existe de matière ne formerait qu'une seule masse immense, de la dureté la plus grande dont la matière soit susceptible.

Ce qu'il y a de plus difficile à concevoir dans la nature du *feu*, c'est cette fluidité essentielle, cette incohérence de ces parties intégrantes et la rapidité de leurs

mouvements, qui le mettent hors de la classe des agré-
gés, ou qui en font une substance différente de toute
autre espèce de matière, en ce que les parties agrégatives des corps quelconques qui ne sont point du *feu*,
obéissent manifestement à l'attraction universelle, et se
joignent les unes aux autres avec plus ou moins de force;
au lieu que celles du *feu* semblent se fuir, au contraire,
et se repoussent même continuellement avec la plus
grande violence.

L'un des pères de la chimie moderne s'exprime
ainsi :

« Cette manière d'être du *feu*, qui est indiquée par
tout ce que nous connaissons de ses effets et de ses autres propriétés, ne peut absolument se comprendre
dans l'hypothèse de l'attraction , à moins de supposer
que l'attraction ne fait tendre les parties de la matière les
unes vers les autres, que jusqu'à ce qu'elles soient arri-
vées à une certaine limite de proximité, passé laquelle
l'attraction devient négative et se change en répulsion,
ou bien en disant que les parties du *feu* sont douées d'un
ressort infiniment supérieur à celui des parties de tous
les autres corps, d'où il arrive que, lorsqu'elles sont
portées les unes vers les autres par la force attractive
commune à toute la matière, au lieu de s'unir et d'adhérer les unes aux autres, suivant la loi commune, elles
rejaillissent en vertu de leur ressort parfait, par le choc
qu'elles éprouvent au point de contact, et sont repous-
sées en sens contraire avec une violence égale à celle avec
laquelle elles se précipitaient les unes sur les autres.

» Ces deux idées me paraissent également d'accord
avec la nature du *feu*, et dès qu'elles établissent une
force propre à contrebalancer celle de l'attraction, ou

plutôt sa direction, elles peuvent servir l'une et l'autre
à expliquer d'une manière satisfaisante les grands effets
que le *feu* ne cesse de produire dans la nature.

» La principale, c'est que lorsque l'on vient à exami-
ner avec attention tous les effets connus du *feu*, et à les
comparer, on se trouve embarrassé à décider si la chaleur et la lumière appartiennent à une seule et même
substance ou à deux substances différentes. Il y a, en
effet, des raisons très-fortes pour et contre l'une et l'autre de ces opinions.

» Comme il n'arrive jamais qu'une lumière d'une
très-grande intensité soit portée sur aucun corps sans
l'échauffer à proportion, et qu'un corps quelconque
échauffé jusqu'à un certain point, devient toujours lumineux, il semble qu'on peut inférer de là que c'est
une seule et même matière, dont les manières d'être
excitent en nous les sensations de chaleur et de lumière;
mais d'un autre côté ces deux sensations ne sont pas
toujours proportionnées l'une à l'autre.

Dans certaines circonstances, nous éprouvons de la
part de certains corps un degré de chaleur qui nous paraît fort, quoique nous n'y apercevions aucune lumière
sensible, et d'autres corps nous renvoient beaucoup de
lumière, sans nous paraître avoir aucune chaleur plus
grande que celle des corps environnants.

» L'*eau bouillante*, par exemple, nous paraît *très-
chaude*, et cependant nous n'y pouvons découvrir aucune lumière ; de même la clarté de la lune et celle de
quelques substances phosphoriques nous semblent
très-lumineuses, quoiqu'on n'y découvre aucune chaleur, et ce sont là des raisons assez fortes pour présumer que ces deux sensations sont excitées en nous par

deux matières distinctes, et seulement dépendantes l'une de l'autre.

» Mais parmi les effets du *feu* en action, il y en a d'autres qui, à mon avis, nous permettent encore moins de confondre la lumière avec la chaleur : c'est qu'elles agissent sur le corps d'une manière absolument différente. Il est constant en effet qu'il n'y a aucun corps impénétrable à la chaleur, de quelque nature qu'il soit, au lieu que la lumière ne pénètre que les corps nommés diaphanes, et est réfléchie plus ou moins complétement par tous les autres.

» Or, deux êtres qui se comportent si différemment à l'égard de certains autres mêmes corps, sont nécessairement distincts. Je sais bien qu'on peut dire que la chaleur et la lumière ne sont qu'une même substance diversement modifiée ; que le *feu* lui-même avec toutes ses propriétés, n'est qu'une manière d'être d'une matière quelconque ; que la terre, l'eau, l'air, en un mot toutes les substances matérielles peuvent devenir du *feu* ; de même que le *feu* peut se changer en air, en terre, etc. ; et qu'ainsi tous les éléments sont transmuables de l'un en l'autre : l'impossibilité de ces transmutations ne peut en effet être démontrée, parce que nous manquons et que nous manquerons toujours des connaissances nécessaires pour savoir de quoi la matière est, ou n'est pas susceptible. Je me hâte de revenir aux effets bien avérés de la chaleur et de la lumière.

» Comme ces effets sont différents, il en résulte que la lumière et la chaleur ne sont point une même chose ; mais sont-elles chacune une substance existante à part et distincte, non-seulement l'une de l'autre, mais encore de toutes les autres substances matérielles ? C'est là une nouvelle question qui n'est point facile à résoudre ; la nature du *feu* nous est trop peu connue pour espérer d'avoir des idées bien nettes sur cet objet. Tout ce que l'on peut faire, c'est de proposer quelques conjectures d'après les effets les plus connus et les plus constants, et c'est à quoi je me bornerai.

» Il faut observer d'abord que cette dernière question ne paraît pas devoir concerner la lumière. On ne peut douter en effet que cet être, par lequel nous voyons tout ce qui est visible, et sans lequel nous ne voyons rien, ne soit une substance distincte de toutes les autres, puisqu'elle est la seule qui possède cette propriété de nous rendre les corps sensibles par la vision. On est d'ailleurs assuré par les expériences les plus décisives, qu'elle a un mouvement progressif, dont on connaît même la direction en ligne droite, et la vitesse qui est énorme, et d'environ quatre-vingt mille lieues par seconde. On est certain qu'elle est parfaitement élastique, puisqu'elle se réfléchit de dessus les corps sous un angle égal à celui de son incidence. On sait qu'elle s'infléchit en passant très-près des corps, qu'elle se réfracte ou change sa direction lorsqu'elle passe d'un milieu dans un autre milieu d'une densité différente, ce qui vient de ce qu'elle est sujette à la loi de l'attraction comme toute autre matière.

» Les expériences de *Newton* ont démontré que la lumière n'est pas une substance simple, mais qu'elle est composée de plusieurs substances qui ont toute la fluidité, la vitesse, l'élasticité, la réfrangibilité essentielles de la lumière, mais qui ne possède pas ces propriétés, et surtout la réfrangibilité dans le même degré ; d'où il arrive qu'en la faisant réfléchir, infléchir et réfracter, on la décompose en séparant ses parties constituantes qui nous paraissent alors autant de rayons affectés d'une couleur différente et propre à chacun.

» Enfin on a prouvé, par une infinité d'expériences, que cette même substance peut entrer et entre en effet, en qualité de principe et de partie constituante, dans la composition d'un très-grand nombre de mixtes, de la plupart desquels on peut la séparer pour la combiner dans d'autres mixtes. Or, un être dont on connaît le mouvement, dont on calcule la vitesse, dont on peut changer la direction, qu'on rassemble, qu'on disperse ; dont on sépare ou l'on réunit les parties constituantes qu'on fait entrer dans des composés, et qu'on en sépare, est très-certainement une substance bien réellement existante, et qui doit être distinguée de toutes les autres substances matérielles, par les qualités constantes qui lui sont propres, et qu'elle ne partage avec aucune autre espèce de matière.

» A l'égard de la chaleur, c'est tout autre chose ; il n'est point si facile de décider si elle est aussi une espèce particulière de matière ayant la propriété exclusive d'exciter en nous la sensation du chaud, comme la lumière a celle de nous rendre les corps visibles, et de produire les autres effets que nous lui attribuons, ou si ce n'est qu'une modification, une manière d'être dont toutes les espèces de substances matérielles sont susceptibles indistinctement, quand elles sont affectées d'une certaine manière.

» Les principaux phénomènes de la chaleur consistent premièrement en ce que les corps qui en sont plus ou moins pénétrés, excitent en nous, quand nous les tou-

chons médiatement ou immédiatement, des sensations
que nous nommons de chaud, de brûlure, et qui nous
sont agréables ou douloureuses, suivant leur force et la
disposition actuelle de notre corps.

2° Le volume des corps quelconques augmente toujours à proportion qu'ils sont pénétrés d'une plus grande
chaleur, mais avec des différences bien grandes, en plus
ou en moins, suivant la nature de chacun.

3° Il n'en est pas de la chaleur comme de la lumière, relativement à la pénétration ou à la transmis-
sion à travers les corps ; il y en a un grand nombre au
travers desquels cette dernière ne peut passer, comme
on vient de le dire ; elle ne se transmet qu'au travers de
ceux qu'on nomme diaphanes ; encore y a-t-il une
grande partie de la lumière tombant sur les substances,
même les plus transparentes, qui ne passe pas à travers,
et qui se réfléchit, comme en général elle se réfléchit de
dessus les corps opaques, ou passe à travers leurs pores ;
mais en éprouvant tant de chocs et de déviations,
qu'enfin elle perd son mouvement, et cesse de nous
affecter comme lumière : mais il en est tout autrement
de la chaleur, elle pénètre les corps quelconques les
plus opaques, aussi complètement que les plus trans-
parents ; et il ne paraît pas qu'il s'en réfléchisse la
moindre partie.

» Il est bien vrai qu'une matière élastique et échauffée tombant sur un corps quelconque, se réfléchit ;
et que si cette matière est invisible comme l'air ou
quelque autre liquide encore plus transparent, il paraîtra alors que la chaleur se réfléchit ; mais je crois
que c'est une erreur qui vient de ce que l'on confond
la chaleur avec une matière échauffée ou pénétrée de

chaleur, ce qui est bien différent ; ce qui me porte à le croire, c'est que :

4° La chaleur se distribue et se partage avec une égalité parfaite entre tous les corps qui y sont exposés, quelque différence qu'il puisse y avoir d'ailleurs entre les propriétés de ces corps ; qu'ils soient fluides ou solides, durs ou mous, rares ou denses, opaques ou diaphanes, inflammables ou non inflammables, etc. ; tout cela est absolument indifférent : s'ils sont exposés tous dans un même lieu, à un même degré de chaleur, ils s'échaufferont tous exactement au même point ; ce qui a été constaté par les expériences les plus décisives, et par le secours du thermomètre. Ils parviennent à la vérité à cet équilibre de chaleur un peu plus ou moins promptement, selon leur nature : mais cette différence est peu considérable, et d'ailleurs cela importe peu à l'objet dont il s'agit ; il suffit qu'ils parviennent à cet équilibre, et le fait est très-certain. Or je dis que cet équilibre n'aurait jamais lieu, et serait même impossible, si la chaleur ne pouvait passer, comme la lumière, qu'à travers certains corps, et était forcée de se réfléchir de dessus tous les autres, par la même raison que, les corps de différente texture exposés à une même lumière, ne sont pas et ne peuvent pas être également lumineux.

5° Le progrès de la chaleur n'est pas tout-à-fait égal dans les différents milieux, il est moins prompt à travers les milieux denses que dans les rares ; il est infiniment moins rapide que celui de la lumière dans ceux qu'elle peut traverser, et la chaleur ne paraît susceptible d'aucune décomposition, d'aucune inflexion, d'aucune déviation ; son progrès est absolument uniforme et imperturbable dans un même corps.

6º La chaleur diminue la pesanteur spécifique de tous les corps, parce qu'elle augmente leur volume; mais je crois que c'est sans rien changer à leur poids absolu, ce que ne fait pas la lumière sans chaleur. Plusieurs physiciens prétendent avoir reconnu par l'expérience que les corps, fortement échauffés, ont un peu plus de poids absolu que lorsqu'ils ne le sont pas; mais aucune des expériences que l'on allègue en preuve de cette proposition ne le prouve réellement; d'abord parce qu'un aussi grand nombre d'autres physiciens assurent n'avoir point eu le même résultat des mêmes expériences; et en second lieu, parce qu'on peut dire que véritablement ces expériences n'ont jamais été faites, et sont peut-être même impossibles, par la raison que nous ne connaissons, et qu'il n'y a probablement aucun corps dans la nature, qui, exposé à une forte chaleur, ne soit dans le cas d'éprouver des changements, des altérations, des pertes, des acrétions qui rendent absolument nuls tous les résultats des expériences qu'on a pu faire ou qu'on pourra faire sur cet objet.

7º Comme il certain que les corps quelconques en se refroidissant, reprennent exactement le même degré de température où ils étaient avant d'avoir été échauffés, et qu'ils n'acquièrent point une plus grande disposition à s'échauffer de nouveau, il s'en suit qu'ils ne retiennent aucune partie de la chaleur acquise; que la chaleur en un mot, s'en sépare de même qu'elle les pénètre sans pouvoir s'y incorporer en aucune manière, au lieu que la lumière est susceptible de se combiner dans les corps : ce qui est prouvé par l'inflammabilité des corps combustibles et par les propriétés du *phlogistique*.

» Il me semble qu'on ne peut s'empêcher de conclure d'après ces faits, que la chaleur est quelque chose de totalement différent de la lumière ; et qu'elle n'est pas même une substance matérielle distinguée comme la lumière, par des propriétés qui lui soient particulières. En effet, si la chaleur était une matière, comme il est de l'essence de la matière d'être impénétrable, il serait impossible de concevoir que les parties de cette chaleur, quelque petites qu'elles fussent, ne rencontrassent aucun obstacle, n'éprouvassent aucune réflexion, aucune déviation de la part des particules élémentaires de tous les corps ; qu'elles pénétrassent en un mot ces corpuscules, ou derniers atômes qui doivent nécessairement être sans pores et d'une densité absolue : et cette seule considération me paraît démontrer que la chaleur n'est point une substance ; que ce n'est au contraire qu'un état particulier, une manière d'être, dont toute substance matérielle est susceptible, sans cesser cependant, en aucune façon, d'être ce qu'elle est.

» S'il est vrai que toutes les parties de la matière tendent les unes vers les autres, en vertu de l'attraction universelle ou d'une force quelconque, on ne peut douter que les parties élémentaires et agrégatives des corps, ne soient placées les unes auprès des autres, de manière qu'elles satisfassent à cette tendance le plus qu'il est possible, relativement à leur configuration, à leurs masses et à l'action des corps environnants.

» On voit par tout ce qui vient d'être dit sur la nature et les effets de la lumière et de la chaleur, que ce que nous nommons *feu libre* ou *feu en action*, n'est que le résultat du mouvement de la lumière d'une part, et d'une autre part de celui des particules de tous les corps occasionné, soit par le choc de la lumière, soit par un autre choc quelconque, et que ce mouvement se communique de son côté à la lumière, et la lance dans toutes sortes de directions. Ainsi il y a deux causes qui peuvent produire les effets du feu en action ; savoir :

1° L'impulsion de la lumière, et surtout quand elle est animée de toute sa vitesse, et dans sa grande intensité ;

2° Les frottements, percussions et collisions des corps quelconques.

» Les phénomènes du feu en action, sont toujours d'autant plus sensibles que ces deux causes agissent plus fortement ; ils diminuent quand elles agissent moins , et cessent quand elles cessent d'agir. C'est là ce qui arrive en général à tous les corps, dans la composition desquels la matière du *feu*, ou plutôt celle de la lumière n'entre point, du moins en quantité sensible, comme un de leurs principes.

» Mais il y a dans la nature, et particulièrement à la surface de notre globe, un grand nombre de mixtes qui présentent tous les phénomènes du *feu* en action d'une manière plus permanente et plus durable que tous les autres, et qui méritent, par cette raison, une attention particulière. Ce sont ceux que l'on nomme *corps combustibles* ou *inflammables*. Ce qui caractérise ces derniers, c'est que dès qu'une fois ils sont mis dans le mouvement igné, c'est-à-dire, dès qu'ils sont portés par la chaleur jusqu'à l'incandescence, soit par les collisions des corps quelconques, soit par l'impulsion de la lumière pure, soit enfin par l'attouchement d'un corps quelconque, qui est lui-même dans le mouvement igné, ils produisent tous les phénomènes du *feu* en action, deviennent brûlants et lumineux et conservent ces qualités dans le même degré, ou dans un degré qui va en augmentant, sans avoir besoin, comme les corps incombustibles, de l'action continuée des causes qui excitent le *feu* libre, et qu'ils persévèrent dans cet état d'ignition, jusqu'à ce que toute la lumière qui était fixée dans leur mixtion, en soit entièrement dégagée; après quoi, ce qui reste d'eux rentre dans la classe des corps non combustibles, et ne peut reprendre et conserver l'état d'ignition, de même que ces derniers, que par l'action soutenue des causes qui excitent le *feu* libre.

» Après ces différentes explications de la nature et des effets du *feu* libre, il est aisé de se former une idée de la manière dont il agit sur les différents corps et des changements qu'il leur fait éprouver. L'expérience prouve qu'il ne leur cause aucune décomposition qu'autant qu'il peut leur imprimer le caractère de la chaleur; ainsi, quoique la lumière soit réellement la seule substance qu'on puisse regarder comme la *matière du feu*, ce n'est pas cependant comme lumière, ou par la propriété qu'elle a de nous rendre les corps visibles, qu'elle produit les effets du *feu*, mais en tant qu'elle peut imprimer par son choc, un grand mouvement aux parties constitutives et agrégatives de tous les corps, mouvement intestin qui paraît, comme je l'ai dit, constituer essentiellement et uniquement l'état que nous nommons chaleur.

»Cela étant bien entendu, il ne pourra rester, je crois, aucune équivoque sur la manière dont je conçois les effets du feu en action, et sur les altérations qu'il occasionne aux différents corps soumis à son action.

» A proprement parler, tous ces effets se réduisent à un seul, ou n'en sont que des suites nécessaires. Cet effet principal est la dilatation des corps quelconques, et cette dilatation ne peut être attribuée qu'à la chaleur, par la raison que j'en ai donnée. Mais il est évident qu'aucun corps ne peut être dilaté, que sa pesanteur spécifique et sa dureté, ou l'adhérence de ses parties ne soient diminuées en proportion ; et ces deux changements sont les plus essentiels à considérer relativement à la *teinture*, car il n'y a aucune opération de cet art qui ne se fasse, ou par la diminution de pesanteur spécifique, ou par la désunion plus ou moins grande des parties des corps, ainsi qu'on va le voir.

» Il faut observer d'abord, au sujet de la dilatation des corps par le *feu*, ou la diminution de leur pesanteur spécifique, qu'il y a des différences très considérables entre les différentes substances, eu égard à la dilatation qu'elles sont capables d'éprouver, par un même degré de chaleur ; il y a des matières si dilatables par le *feu*, que quand elles éprouvent une chaleur, même médiocre, elles semblent perdre toute leur pesanteur spécifique, ou deviennent du moins spécifiquement plus légères que toutes les substances environnantes. Il arrive de là que ces substances, échauffées jusqu'à un certain point, s'élèvent comme des corps qui seraient sans pesanteur. Toutes les substances qui ont cette propriété se nomment, en général, *substances volatiles*. D'autres corps, au contraire, sont si peu dilatables par le *feu*, relativement à leur densité, que la plus grande chaleur dont ils puissent être pénétrés ne produit qu'une diminution presque insensible dans leur pesanteur spécifique ; et comme ces corps semblent rester sans altération de la part du *feu* à cet égard, on les nomme des *corps fixes*.

» Il suit de là, que si l'on expose à l'action du feu un composé qui contienne des principes volatils, et des principes fixes, les premiers devenant spécifiquement plus légers, doivent s'élever en vapeurs, et se séparer des seconds, qui n'éprouvent point de changement sensible à cet égard. Or, comme presque tous les composés contiennent des principes dont la volatilité et la fixité diffèrent assez sensiblement, pour que les uns puissent s'élever et se sublimer, tandis que les autres restent fixes à un même degré de chaleur donné, il s'en suit que, par l'action du *feu*, ou par la seule chaleur, on peut faire une infinité d'analyses et de décompositions.

» L'observation qu'on vient de faire au sujet des changements que procure, dans la pesanteur spécifique des corps, la dilatation occasionnée par la chaleur, doit avoir lieu aussi sur la diminution de l'adhérence de leurs parties intégrantes, qui est l'effet de la même cause. Il est évident qu'on ne peut concevoir un corps, forcé par la chaleur d'occuper un plus grand espace, sans que la continuité, et par conséquent l'adhérence des parties intégrantes de ce même corps, ne soient diminuées. Mais il y a aussi à cet égard une différence très grande entre les différentes substances que nous offre la nature : le *feu*, en dilatant certains corps, écarte et désunit tellement leurs parties intégrantes, qu'elles semblent n'avoir plus aucune cohérence entre elles : ces corps, s'ils sont naturellement solides, passent à l'état de fluidité toutes les fois qu'ils sont pénétrés d'une suffisante quantité de *feu* libre, se nomment *corps fusibles*, ceux au contraire dont un *feu* très fort ne peut point désunir ainsi absolument les parties intégrantes, se nomment *infusibles* ou *réfractaires*. Or, comme l'agrégation d'un corps est rompue, du moins en grande partie quand il est en fusion, et que cette rupture de l'agrégation est une condition nécessaire pour la combinaison des corps les uns avec les autres, il s'en suit que le *feu*, en tant que capable de donner de la liquidité aux corps solides, influe, comme agent primitif, dans les combinaisons quelconques.

» Toutes les opérations de la chimie et de la *teinture*, se réduisant à des décompositions et à des combinaisons, on voit, par ce qui vient d'être dit, que le *feu* est, dans la chimie, comme dans la nature, un agent universel. On sait assez d'ailleurs que, quoiqu'on puisse faire des décompositions ou analyses par les menstrues, sans qu'il soit besoin d'appliquer aux corps plus de chaleur qu'ils n'en ont naturellement, ces analyses ne se faisant que par des dissolvants qui ne peuvent agir eux-mêmes qu'autant qu'ils tiennent du *feu* un degré de fluidité convenable, le *feu* agit dans ces analyses aussi essentiellement, que dans celles qui sont occasionnées par l'application immédiate de la chaleur.

» Il est à propos de remarquer, au sujet de la volatilité, de la fixité, de la fusibilité et de l'infusibilité des corps, premièrement, que toutes ces qualités ne sont, à proprement parler, que relatives. Aucun corps sans doute n'est absolument fixe et infusible ; et ceux que nous regardons comme tels se réduiraient en vapeurs, comme les corps volatils, ou se fondraient comme les matières fusibles, s'ils étaient exposés à une chaleur infiniment plus forte que celle que nous pouvons leur faire éprouver : ainsi tel corps paraîtra fixe ou infusible, si on le compare avec des substances très-volatiles et très-fusibles, qui sera réputé lui-même volatil ou fusible, relativement à des substances beaucoup plus fixes et moins fusibles que lui.

» En second lieu, comme la volatilité et la fusibilité sont les effets d'une seule et même cause, savoir de la dilatation qu'occasionne la présence d'une certaine quantité de feu libre et en action dans les corps, ces deux qualités ne sont, à proprement parler, que la même, dans des degrés plus ou moins marqués ; et, dans ce sens, la volatilité ne doit être considérée que comme le plus haut degré de la fusibilité : aussi est-il certain que les substances qui sont habituellement liquides, et qu'on doit regarder par cette raison comme les plus fusibles, sont toutes très-volatiles, et s'élèvent en vapeurs aussitôt qu'on leur applique la moindre chaleur ; tandis qu'au contraire les matières les plus dures, les moins dilatables, celles, en un mot, dont l'agrégation est la plus ferme et la plus difficile à rompre, et qui, par cette raison, sont les moins fusibles, sont en même temps les plus fixes. »

L'agrégation de tout corps réduit en vapeur ou fondu, est rompue : mais elle l'est davantage dans le corps réduit en vapeurs, que dans celui qui est en simple fusion : aussi le plus efficace de tous les moyens que la *teinture* puisse employer pour combiner ensemble les substances les plus difficiles à unir, celles qui refusent de se joindre, tant que l'une ou l'autre conserve un degré d'agrégation sensible, c'est de les réduire en vapeurs, si cela est possible, et de faire rencontrer ces vapeurs.

Tous les effets que le *feu* produit en qualité d'agent dans les opérations de *teinture*, se réduisent, comme on voit, en général, à ceux dont on vient de parler.

« La chaleur qui s'excite par les frottements et percussions, est, en général, proportionnée à la force, à la rapidité, à l'étendue du frottement et de la percussion, ainsi que la dureté des corps frottés ou frappés. Cette chaleur est aussi peu usitée dans nos opérations de *teinture*, elle manifeste néanmoins très-fréquemment dans une infinité d'expériences, comme dans les fermentations, les effervescences, les dissolutions; elle a lieu toutes les fois que des corps s'unissent ensemble ; elle est trop proportionnée à la rapidité et à la force avec laquelle ces corps réagissent les uns sur les autres ; elle est produite par le frottement et la collision de leurs parties, ce qui indique que les parties primitives sont de la plus grande dureté, même dans les corps dont l'état habituel est la liquidité ou la mollesse : car ces corps, dans leurs dissolution et réaction, sont capables de produire autant de chaleur que les substances les plus dures, et dont l'agrégation est la plus ferme ; et s'il se trouve quelques fluides dont la plus grande agitation ne produit pas de chaleur sensible, cela vient de ce que leurs parties ne peuvent pas se toucher ou se frapper assez immédiatement.

» A l'égard de la combustion des corps combustibles, c'est, comme je l'ai remarqué, le moyen le plus commode et le plus avantageux que nous ayons pour appliquer l'action du feu à différents corps.

» Les substances inflammables les plus communes, telles que le bois, le charbon de terre, le charbon de bois et les huiles sont celles qu'on emploie habituellement dans la chimie, de même que dans la *teinture* et dans l'usage ordinaire de la vie, pour toutes les opérations dans lesquelles on a besoin de l'action du feu.

» La *teinture* ayant besoin singulièrement de tous les degrés de chaleur, depuis la plus faible jusqu'à la plus forte, l'on a cherché et trouvé les moyens de se les procurer en employant différents intermèdes, et encore mieux par la disposition et la construction des *fourneaux*, dans lesquels sont contenues les matières combustibles, et celles auxquelles on veut appliquer l'action du feu. »

C'est un principe reconnu que l'action du feu sur les différents ingrédients, dépend beaucoup de la manière dont on l'applique.

Pour expliquer ces effets, on pense qu'on doit considérer le feu dans trois états différents : le premier relatif à sa vitesse ; le second à son volume ; le troisième à sa masse. Sous chacun de ces points de vue, cet élément si simple, si uniforme en apparence, paraîtra, pour ainsi dire, un élément différent. On peut augmenter la vitesse, le volume et la masse du feu, et lui faire produire des effets différents, suivant qu'on augmente son activité par l'un ou l'autre de ces moyens.

Le *feu* n'a réellement d'action sur les corps et ne peut leur causer aucune altération, qu'autant qu'il excite en eux la chaleur, et cette chaleur n'est autre chose que le mouvement des parties constitutives et agrégatives des corps échauffés.

Enfin le *feu* qu'il nous importe le plus de bien connaître et de bien appliquer, est celui qui provient de la combustion des corps combustibles. Il est certain que les effets de cette espèce de *feu* peuvent être rendus

beaucoup plus forts, et même jusqu'à un point indéfini,
par le concours de l'air, et par le grand volume des
matières en combustion. Mais comme ce *feu* résulte du
dégagement de la lumière, et du mouvement intestin
des parties des corps embrasés, il n'est pas si facile
de connaître si c'est par l'augmentation de sa *masse*,
ou par celle de sa *vitesse*, qu'il est rendu plus énergique.

§ III. — DU FIEL DES ANIMAUX. — CHOIX DE CETTE LIQUEUR.

Le fiel des animaux qu'on nomme aussi la *bile*, est
une liqueur plus ou moins jaune, verdâtre, amère,
d'une odeur fade, nauséabonde, un peu musquée, dans
certains animaux. Cette liqueur se prépare et se filtre
dans le foie, qui est un gros viscère glanduleux; et
dans le plus grand nombre des animaux, elle est con-
duite et mise en réserve dans une vessie qu'on nomme
la *vésicule du fiel*.

Cette liqueur se dissout entièrement dans l'eau, sans
troubler sa transparence, et sans former aucun dépôt,
à moins qu'elle ne contienne des concrétions pierreuses
qui sont sujettes à s'y former.

Le *fiel* provenant d'un animal sain, lorsqu'il est ré-
cent, et avant qu'il ait éprouvé aucune altération par
la putréfaction à laquelle il est fort sujet, ne fournit
rien dans l'analyse, à un degré de chaleur qui n'excède
point celui de l'eau bouillante, qu'un phlegme qui peut
cependant être mêlé d'un peu d'une sorte de partie
odorante ou *d'esprit recteur*, surtout dans certains animaux.

A mesure que le *fiel* perd son phlegme, il s'épaissit

et prend la consistance d'un extrait de couleur brune et qui est tenace et comme poisseux ; quand il est tout à fait desséché, il attire un peu l'humidité de l'air ; mais en le tenant enfermé, on peut le conserver tant qu'on veut, sans qu'il éprouve aucune altération ; il se redissout ensuite dans l'eau, comme avant d'avoir subi ce desséchement.

Il y a longtemps qu'on a reconnu dans le *fiel* une quantité détersive et décidément savonneuse qu'on emploie, avec succès, pour enlever les taches de corps gras sur toutes sortes d'étoffes de couleurs, à l'exception de la soie.

Il résulte donc, des connaissances acquises jusqu'à ce jour sur la nature du *fiel*, que cette liqueur est une matière parfaitement animalisée et essentiellement composée comme toutes les autres substances animales ; mais qu'elle a un caractère qui lui est propre.

§ IV. — DES FILTRES ET DE LA FILTRATION.

La filtration est une opération par laquelle on sépare des parties hétérogènes mêlées dans une liqueur, ou bien qui sert à débarrasser certaines matières d'un liquide inutile. La *filtration* s'exécute, en général, par le moyen des *filtres*.

L'étoffe des *filtres*, soit en laine ou en toile, doit avoir des pores beaucoup plus petits que les particules de la substance qu'on veut séparer de la liqueur.

La *filtration* ne peut avoir lieu, qu'autant que le bain épais ait un degré de fluidité et de subtilité convenable, etu poportionnées aux pores du *filtre*.

Les décoctions extrêmement chargées de certains ingrédients ou sels se *filtrent* mal et ne passent point, ou ne passent que très difficilement à travers des *filtres*, dont les pores paraissent d'ailleurs suffisamment grands, par proportion à la finesse de leurs parties ; cela vient de l'adhérence qu'ont entre elles ces mêmes parties. La chaleur favorise beaucoup, en général, la *filtration* de ces sortes de liqueurs ; les dissolutions bien chargées des sels qui se dissolvent en grande quantité dans l'eau, demandent à être filtrées entre *chaud* et *bouillon*.

La forme des filtres varie suivant la qualité et la quantité des *bains* qu'on veut *filtrer*. Il y en a qui représentent un entonnoir : on les nomme *chausses*.

Lorsqu'on a beaucoup d'un bain à *filtrer*, on attache une toile aux quatre angles d'un châssis en bois, ou d'un tabouret sans paille, en observant que cette toile ne soit point tendue et puisse former l'entonnoir.

Il arrive presque toujours que les premières portions de liqueur qui passent par les *filtres*, sont plus ou moins troubles ; il est donc à propos de les renverser dans le filtre, à plusieurs reprises, si cela est nécessaire, jusqu'à ce qu'on voie que le *bain* passe parfaitement clair. Cela arrive, parce que les pores du filtre, trop ouverts d'abord, se resserrent peu à près, par le renflement qu'occasionne l'humidité, ou se bouche en partie par le dépôt qui s'applique dessus.

§ V. — DE LA FLAMME.

La flamme est un assemblage de vapeurs des corps combustibles actuellement brûlants, qui sont elles-mêmes dans le mouvement de la combustion.

Comme les corps ne peuvent brûler qu'autant qu'ils

ont un contact immédiat avec l'air, et que, par cette raison, ils ne brûlent jamais qu'à leur surface, la *flamme* qui est la seule partie vraiment brûlante des corps qui paraissent dans la combustion actuelle, est toujours à leur surface ; elle est lumineuse et ardente jusque dans son intérieur, parce qu'elle n'est qu'un amas de parties inflammables voisines, mais disjointes; et que, touchant à l'air par tous leurs côtés, elles brûlent toutes ensemble, et dans toute leur substance.

Aucun corps combustible ne brûle réellement sans *flamme* ; à la vérité, ceux dont le principe inflammable est étroitement combiné avec une grande quantité de matière non combustible, tels que sont les charbons ou cendres presque totalement brûlés; semblent se consumer sans flamme sensible, mais cette apparence n'a point lieu pour un observateur profond.

Plus la *flamme* est claire et continuelle sous une chaudière, plus l'étoffe que l'on plonge dans un bain se trouve bien unie.

§ VI. — DE LA FUMÉE.

On désigne par ce nom, les vapeurs non enflammées qui s'exhalent d'un corps quelconque. La fumée est de différente nature, suivant les corps dont elle sort. Si le corps ne se décompose point en fumant, la fumée n'est pas autre chose que ce corps même réduit en vapeurs ; telle est la fumée de l'esprit de nitre et de l'esprit de sel pur. Si, au contraire, le corps qui fume est composé de principes fixes et de principes volatils, ce sont ces derniers qui forment la fumée, du moins pour la plus grande partie. Quelquefois, cependant, surtout lorsque

la fumée est occasionnée par une combustion violente,
et à très grand feu, la fumée n'est en partie composée
que de principes très fixes, enlevés par la force de la
déflagration.

La fumée est nuisible aux bains que l'on donne aux
étoffes, c'est pourquoi, il faut toujours éviter le rapport
de la fumée, en procurant au fourneau ce courant d'air
indispensable à la manipulation.

§ VII. — DES HUILES ANIMALES ET VÉGÉTALES, A L'USAGE DE LA TEINTURE.

On peut définir l'huile en général comme un corps
composé, qui n'est point ou qui n'est que très peu dissoluble par l'eau; elle est susceptible de brûler avec une
flamme accompagnée de fumée et de suie, et de laisser
un résidu charbonneux après la distillation.

Toute *huile* est composée de phlogistique, d'acide,
d'eau et de terre ; car tous ces principes se manifestent
dans la décomposition des *huiles* quelconques; mais
peut-être que l'eau et la terre qui font partie des huiles
y sont unies ensemble, et n'existent dans l'*huile* que
sous la forme d'acide.

L'*huile* est assez composée ; elle est en même temps
un des principes prochains de toutes les matières végétales et animales ; c'est même par leurs parties huileuses
que ces substances diffèrent essentiellement de celles
du règne minéral ; car, au contraire, il n'y en a aucune
de ce dernier dans laquelle on puisse démontrer un seul
atome d'huile.

Toute l'*huile* qu'on retire des substances végétales
et animales a un certain nombre de propriétés générales

qui forment son caractère d'huile ; mais elle se diversifie aussi presqu'à l'infini par un très-grand nombre de propriétés particulières, suivant les différentes espèces de matières végétales et animales dont elle est tirée, ce qui a donné lieu de distinguer plusieurs espèces d'*huile*. Nous ne parlerons que des propriétés les plus générales de l'*huile* dont on se sert dans la *teinture*.

Toutes les *huiles*, comme on sait, sont volatiles, c'est-à-dire, qu'il n'y en a aucune qui, exposée à un certain degré de chaleur, ne se réduise et ne s'élève en vapeurs ; la chaleur nécessaire pour faire évaporer les *huiles* les moins volatiles, n'est pas même fort considérable ; elle est bien inférieure à celle de l'incandescence : ainsi l'*huile* doit être regardée comme une substance volatile.

Toutes les *huiles* auxquelles on fait éprouver à l'air libre le degré de chaleur capable de les réduire en vapeurs, s'enflamment facilement par le contact de quelque matière enflammée, et brûlent avec une flamme blanche, lumineuse et accompagnée de fumée ; les *huiles*, de même que tous les autres corps combustibles, se décomposent entièrement par leur inflammation ; au reste, cette propriété qu'a l'*huile* de brûler, démontre que le phlogistique est un de ses principes. La propriété inflammable de l'*huile* a induit en erreur tous les anciens chimistes. Ils donnaient le nom d'*huile*, au principe inflammable qui entre dans la composition des métaux, du soufre et du charbon, aussi bien qu'à celui de l'*huile* proprement dite ; mais il est bien démontré présentement que le principe de l'inflammabilité, qui entre dans la composition de ces corps, n'est lui-même qu'une des parties constituantes de l'*huile*, et que l'*huile* ne peut transmettre son principe inflammable à aucun autre corps, sans se décomposer et cesser elle-même d'être de l'*huile*.

Si l'on soumet à la distillation une *huile* quelconque sans aucun intermède, il s'en élève par une chaleur graduée, d'abord un peu de phlegme acide ; l'*huile* monte ensuite elle-même en substance ; et quand il a fallu, pour la faire monter, un degré de chaleur supérieur à celui de l'eau bouillante, elle a toujours un caractère empyreumatique d'autant plus fort qu'il a fallu plus de chaleur pour la faire monter. Cette *huile* est toujours accompagnée d'un acide qui devient de plus en plus fort, à mesure que la distillation avance.

Une remarque fort importante à faire sur les distillations réitérées des *huiles*, c'est que la portion d'*huile* qui n'a pas été décomposée, devient à chaque distillation de plus en plus atténuée et volatile ; or, comme c'est singulièrement par le plus ou le moins de ténuité et de volatilité que les *huiles* diffèrent entre elles, il s'ensuit que les distillations réitérées font disparaître de plus en plus les différences spécifiques des *huiles* et qu'elles les rapprochent d'un état général et commun à toutes.

Toutes les *huiles* reçoivent aussi des changements par l'action de l'air et par le concours des circonstances qui favorisent la fermentation. Leur partie la plus fluide et la plus volatile se dissipe ; d'où s'ensuit un épaississement et une moindre volatilité dans ce qui reste ; et de plus l'acide combiné dans ces mêmes huiles, se développe et se dégage de plus en plus.

Les acides ont, en général, de l'action sur les *huiles*

quelconques ; mais les effets qu'ils produisent en se combinant avec elles, sont extrêmement variés, suivant la nature de l'acide, suivant la plus ou moins grande concentration, et suivant l'espèce d'*huile*.

« L'acide sulfurique concentré, dit un savant, saisit avec beaucoup de force tous les principes de l'*huile* ; on aperçoit dans ce mélange un bouillonnement intérieur, un degré de chaleur considérable ; il s'en élève des vapeurs d'une odeur mixte d'empyreume et d'acide sulfurique volatil ; l'*huile* change de couleur, devient brune, rougeâtre ou noirâtre, et acquiert un grand degré d'épaississement.

» L'action de l'acide nitrique sur les *huiles* est encore plus vive, plus prompte et plus marquée que celle de l'acide sulfurique ; il s'élève du mélange une quantité beaucoup plus considérable de vapeurs ; l'effervescence est beaucoup plus forte, l'épaississement est plus prompt, et la chaleur est si grande avec le plus grand nombre des *huiles*, que lorsque l'acide nitrique est bien concentré, elle atteint, en un instant, le degré de l'ignition, en sorte que ce mélange s'enflamme subitement.

» L'action de l'acide hydrochlorique même le plus concentré, est bien différente sur les *huiles* quelconques ; elle est infiniment plus faible.

» Il est manifeste que la différence des effets de ces trois acides sur les *huiles*, vient de la différence de leur affinité avec le principe inflammable ; car il y a ici, de la part des acides, une gradation tout à fait semblable à celle qu'on remarque dans la manière dont ils agissent sur celles des matières minérales qui, comme les substances métalliques, contiennent du phlogistique.

» Comme les différentes espèces d'*huiles* ont chacune leur caractère et leurs propriétés particulières, les phénomènes qu'elles présentent avec les acides sont aussi fort différents et fort diversifiés à cet égard. On trouvera quelques détails sur cet objet à l'article des principales espèces d'*huiles* : on fera seulement observer aussi, en général, que les acides sulfurique et nitrique sont portés à s'unir très-intimement avec toutes les *huiles* atténuées, volatiles et inflammables ; mais ces qualités même de ces *huiles* les mettent, en quelque sorte, en état d'éluder en grande partie l'action de ces acides, lorsqu'ils sont très-concentrés ; car pendant la réaction, elles se dissipent en vapeurs presque en entier, quelquefois même en un instant.

» De la combinaison d'un alcali avec de l'huile, il résulte un composé qui a plus ou moins de consistance, et qu'on nomme *savon*. L'*huile* qui entre dans la composition du savon, devient aisément miscible avec l'eau, par l'intermède de l'alcali ; mais elle ne s'y dissout point parfaitement, quand la quantité d'eau est considérable ; car alors la dissolution du savon a toujours un coup-d'œil blanc laiteux, ce qui indique que l'*huile* du savon dissous dans beaucoup d'eau, est dans un état qui ressemble un peu à celui d'émulsion. Cela prouve en même temps que la combinaison des *huiles* avec les alcalis, n'est pas intime ; aussi l'*huile* ne reçoit-elle point, ou presque point d'altération de la part des alcalis : car on peut la séparer du savon par l'intermède d'un acide quelconque, et on la retire presque telle qu'elle était avant qu'elle fût entrée dans cette combinaison.

» Toutes les substances animales sont remplies d'*huile*

naturellement onctueuse, très douce, et qui n'est point assez volatile pour s'élever au degré de chaleur de l'eau bouillante ; mais en général, l'*huile* qu'on peut retirer des animaux, est dans deux états bien différents, et qu'il est très essentiel de distinguer l'un de l'autre.

» Le premier état est celui de beurre et de graisse : cette espèce d'*huile animale* est épaisse ou figée, et doit cette qualité à une quantité considérable d'acide qui lui est intimement combinée, et qui ne peut se développer que par l'action du feu, ou par la rancidité qu'elle contracte avec le temps.

» L'*huile* des animaux qui est sous la forme de beurre ou de graisse, n'est point dans un état de combinaison avec les autres principes des matières animales : c'est une substance particulière, surabondante à la composition animale, et d'une nature absolument différente de l'*huile*, qui, véritablement combinée dans ces substances, en est une partie intégrante. Cette *huile* animale surabondante qu'on peut nommer *huile adipeuse*, ressemble parfaitement à celles des *huiles végétales* que quelques chimistes nomment, avec raison, *huiles grasses*, et à la cire ; elle ne contient, comme elles, d'autre substance saline, que de l'acide. L'acide de toutes ces matières huileuses y est plus intimement combiné, que dans aucune autre espèce : de là vient qu'elles se rancissent beaucoup moins promptement ; que, lorsqu'on les soumet à des distillations réitérées, on en retire moins d'acide à chaque distillation ; et qu'elles sont les plus difficiles de toutes à rendre fluides et volatiles par ce moyen.

» Les *huiles* de cette espèce qu'on peut retirer des animaux, sont la graisse, la moelle, l'*huile* de jaune d'œuf par expression, la matière qu'on nomme *blanc de baleine*, et autres de cette nature.

» Le second état dans lequel se trouve l'*huile* des animaux, est l'état de combinaison. La substance qui forme presque entièrement toutes les parties qui composent le corps de l'animal, comme la chair, les tendons, les nerfs, les cartilages, les os, la corne, les poils, etc., est une substance gélatineuse, parfaitement dissoluble dans l'eau, et qui n'en trouble point la transparence. Cette *gelée*, soumise à la distillation, fournit une grande quantité d'*huile* qui provient de sa décomposition. Comme cette *huile* n'est nullement apparente dans la matière gélatineuse qui n'a point été décomposée, et qu'elle est parfaitement dissoluble dans l'eau, il s'en suit que cette même *huile* est un des principes de la matière gélatineuse, et qu'elle est rendue parfaitement miscible avec l'eau, par l'intermède des principes salins de cette matière.

» L'*huile animale* est susceptible, comme les autres *huiles*, de s'atténuer et de devenir de plus en plus volatile, par des distillations réitérées ; on peut, en la soumettant à un nombre suffisant de distillations successives, la rendre presqu'aussi blanche, aussi fluide et aussi volatile que l'éther.

» Les matières végétales, ou du moins un très grand nombre d'entre elles, contiennent de l'*huile* dans deux états différents, de même que cela a lieu dans les animaux ; c'est-à-dire, qu'il y a dans les végétaux une certaine quantité d'*huile* surabondante à leur combinaison, qui n'entre point dans la composition de leurs principes prochains, qui forme un corps particulier, et qui est déposée en réserve dans différentes parties des végétaux ; et une autre quantité d'*huile* combinée, laquelle est une des parties constituantes de leurs principes prochains, tels que la substance savonneuse extractive, les acides, les sels essentiels, la substance sucrée, les matières mucilagineuses. C'est de la première de ces *huiles* végétales, dont il s'agit dans cet article. Mais cette *huile* surabondante et non combinée, qu'on peut retirer de certains végétaux, varie aussi dans ses espèces : il y en a de deux espèces principales, l'une est âcre, volatile et odorante, elle porte le nom d'*huile essentielle;* l'autre espèce est douce, ne s'élève point au degré de chaleur de l'eau bouillante, et n'a point ou presque point d'odeur : c'est de celle-ci qu'on va parler d'abord.

» La plupart des graines et des amandes sont le réservoir particulier de l'*huile* surabondante dont il s'agit ici. Si l'on écrase et qu'on pile ces substances, cette *huile* se manifeste et exsude de tous côtés. En les triturant avec de l'eau, elle se réduit dans l'état d'*émulsion;* et lorsqu'au lieu de triturer ces substances avec l'eau, on les soumet à la presse, on en fait sortir l'*huile* en très grande abondance.

» Lorsque les graines et amandes dont on tire l'*huile* de cette manière sont récentes, et ont été préservées de la rancidité, l'huile qui en sort a une saveur très douce; elle est d'abord un peu trouble par le mélange de quelques autres parties de l'amande, mais ces matières se séparent au bout de peu de temps en forme de sédiment, et l'*huile* devient claire. »

Ces *huiles* ne sont jamais bien fluides, elles ont, au contraire, une onctuosité considérable; elles n'ont point aussi de volatilité pour s'élever dans la distillation, au degré de chaleur de l'eau bouillante, ainsi que nous l'avons déjà dit ; et lorsqu'on leur fait éprouver une chaleur plus forte, et capable de les faire monter en vapeurs, alors elles éprouvent une altération considérable : de douces et d'inodores qu'elles étaient d'abord, elles deviennent fort âcres et d'une odeur empyreumatique. Quoiqu'elles soient susceptibles de bien brûler, elles ne s'enflamment point par le seul attouchement d'une matière enflammée, comme le font toutes les matières inflammables que leur volatilité réduit continuellement en vapeurs ; celles-ci demandent le secours d'une mèche, ou à être échauffées jusqu'au point de s'évaporer, pour pouvoir s'enflammer.

Les *huiles douces* tirées par expression, éprouvent à la longue différentes altérations; avec le temps elles perdent beaucoup de leur douceur ; elles contractent une acrimonie et une odeur très forte. Ces changements qui se nomment *rancidité*, sont occasionnés par une sorte de fermentation intérieure qui leur arrive et qui produit des effets semblables, à la promptitude et à la force près, à ceux de l'action du feu.

« Enfin de toutes les espèces d'*huiles*, celles dont il s'agit à présent, sont les plus propres à se combiner avec les alcalis fixes, et à former de bon *savon*, et à dissoudre les matières métalliques.

» Toutes ces huiles douces surabondantes dans des végétaux, et qu'on en peut tirer par la simple expression, se ressemblent entre elles par les propriétés générales dont on vient de faire mention; mais elles diffèrent considérablement les unes des autres, par le degré dans lequel elles possèdent ces propriétés et plusieurs autres. Les unes, telles que celles de lin, de noix, d'œillet, de

chenevis, sont disposées à se rancir, à s'épaissir, et à
se désséchér assez promptement; elles résistent à un
très grand froid sans se figer, forment des composés résineux par le mélange des acides sulfurique ou nitrique,
et s'enflamment assez facilement par l'acide nitrique fumant. Les autres, comme celles d'olives, d'amandes
douces, de navette, etc., se rancissent et s'épaississent
infiniment plus lentement : elles refusent même de se
dessécher entièrement ; elles se figent à un froid très léger, ont moins de dispositions à se combiner avec les
acides sulfurique et nitrique ; forment, avec ces acides,
des composés qui ressemblent plutôt à des graisses et à
des savons, qu'à des résines; et enfin ne peuvent s'enflammer que par le concours de ces deux acides très
concentrés. Comme ces dernières ont, à la consistance
prés, une ressemblance parfaite avec le *beurre*, la
graisse et la *cire*, et qu'elles présentent absolument
les mêmes phénomènes, elles méritent, à juste titre,
d'être distinguées de toutes les autres, par la dénomination particulière d'*huiles grasses*. »

§ VIII.— DE LA MACÉRATION DES INGRÉDIENTS DE TEINTURE.

La macération, à proprement parler, consiste à faire
tremper des ingrédients quelconques dans un bain
d'eau, à froid, pour les ramollir, les pénétrer, les ou-
vrir, et même en dissoudre quelque principe. Cette
opération est absolument la même que la digestion; elle
n'en diffère qu'en ce qu'elle se fait sans le secours d'aucune autre chaleur que celle qui règne naturellement
dans l'air. Dans la *teinture*, on préfère la *macération* à
la *digestion*, toutes les fois que la chaleur n'est pas

nécessaire. Ainsi, lorsqu'on fait tremper une racine, un bois, une plante, ou un végétal quelconque, dans le dessein de le ramollir, cela doit se faire à froid, par la *macération*, jusqu'à ce que, dans un *bain à longue cuite*, l'on en retire l'esprit recteur, qui en est la partie essentielle.

§ IX. — DE LA PUTRÉFACTION DES BAINS.

La putréfaction est un mouvement intestin de fermentation qui s'excite entre les principes prochains des végétaux et animaux, dont résulte d'un *bain* une décomposition et un changement total dans la nature de ces principes.

Comme la *putréfaction* est une vraie fermentation, qu'elle doit même être regardée comme le but, le terme, et le dernier degré de toute fermentation, il s'ensuit que toutes les matières végétales et animales fermentescibles sont susceptibles de *putréfaction*:

Lorsque les matières fermentescibles sont dans un bain d'une quantité d'eau suffisante, qu'elles sont exposées à un degré de chaleur convenable, qu'elles ont, en un mot, toutes les conditions requises pour la fermentation en général, elles ne tardent point à éprouver la putréfaction. Les phénomènes qui accompagnent ce dernier degré de fermentation sont à peu près les mêmes que ceux des deux premiers degrés, si ce n'est qu'ils paraissent moins sensibles, du moins lorsque la putréfaction ne se fait que lentement. Les changements les plus prompts et les plus marqués qui arrivent à une substance qui se putrifie, sont ceux de sa couleur, de son odeur, et de sa saveur.

CHAPITRE II

DE LA DÉCOCTION, DE L'EAU, DE L'AIR, DU FEU, DES HUILES, DES BAINS, DE LA VOLATILITÉ.

§ I. — DE LA DÉCOCTION.

La décoction est l'action de faire bouillir un ingrédient, une graine, un bois, une écorce ou autres substances dans l'eau.

La *décoction* ne doit se pratiquer que pour les matières qui contiennent quelques principes dissolubles dans l'eau : ce sont particulièrement, comme nous l'avons dit, les matières végétales et animales sur lesquelles on fait cette opération.

Il est très essentiel néanmoins de bien connaître la nature et les principes des substances que l'on soumet à la *décoction*, pour la pratiquer d'une manière convenable, et pour savoir de quel principe un *bain* se trouve chargé après la *décoction*.

Il est évident qu'après une longue *cuite* ou *décoction*, le *bain* ne peut se trouver chargé que des principes qui n'ont pas assez de volatilité, pour s'élever au degré de chaleur de l'ébullition.

Il suit de là qu'il ne faut point ou presque point soumettre à la décoction les plantes ou autres matières qui contiennent des principes volatils, quand on veut que le *bain* se trouve chargé de ces mêmes principes ; dans ce cas, il ne faut faire qu'une *cuite*, à une chaleur moindre que l'ébullition et dans des chaudières closes.

Quand, au contraire, on n'a point intention de retenir les parties volatiles, ou que les matières qu'on a n'en contiennent point, alors on peut avoir recours à la décoction; elle devient même nécessaire lorsque les étoffes qu'on a à teindre sont d'un tissu serré, parce qu'alors le bain ne pourrait extraire facilement les principes sans le secours de l'ébullition.

A l'égard des matières végétales dont on veut extraire les principes par un *bain*, il n'y a point de difficultés de soumettre à l'ébullition toutes celles qui sont inodores, et qui ne contiennent point de principes volatils, surtout quand elles sont dures, comme les *racines*, les *bois*, les *écorces*, etc.

§ II. — DE L'EMPLOI DES EAUX POUR LA TEINTURE.

L'eau parfaitement pure, car c'est de celle-là dont il s'agit pour la teinture, est, comme nous l'avons dit, un corps diaphane, sans couleur, sans odeur et sans saveur sensible.

Cette substance est du nombre de celles qui sont très volatiles et très fusibles; cette dernière qualité de l'eau est portée au point, qu'au moindre degré de chaleur de l'atmosphère nécessaire pour la végétation, l'eau est constamment sous la forme d'une liqueur; de là vient qu'on la regarde communément comme un fluide. Mais dès qu'elle cesse d'éprouver le degré de chaleur elle se fige, comme cela arrive à tous les corps solides de leur nature qui reprennent leur solidité aussitôt qu'ils cessent d'éprouver le degré de chaleur pour les tenir en fusion.

Lorsque l'*eau*, qui vient à éprouver le degré de froid nécessaire pour la figer, passe de l'état du fluidité à celui de solidité, cela s'appelle la *congélation de l'eau* ; l'*eau* ainsi solidifiée, se nomme *eau glacée*, ou simplement *glace*.

Lorsque la congélation de l'*eau* se fait avec toutes les circonstances qui favorisent le libre arrangement des parties intégrantes d'un corps, on observe que ses masses prennent des formes régulières et symétriques.

Cette régularité dans la congélation ou cristallisation de l'*eau*, indique qu'elle est un corps peu composé.

L'*eau* n'est point compressible : cette vérité est constatée par une expérience certaine, laquelle consiste à l'enfermer hermétiquement dans une sphère creuse de métal, et à soumettre ensuite cette sphère à une compression très forte ; l'*eau*, dans ce cas, passe à travers les pores du métal, plutôt que de se comprimer.

La pesanteur spécifique de l'*eau*, comparée à celle de l'air dans une température moyenne, èntre les chaleurs de l'été et les grands froids de l'hiver, a été déterminée à peu pres à huit cent cinquante fois plus grande qu'un pareil volume d'air.

Nous avons dit plus haut que l'*eau* est un corps très volatil ; en effet, lorsqu'on l'expose à l'action du feu, elle se réduit et se dissipe toute en vapeurs quand elle en a la liberté.

On a observé, à ce sujet, que lorsque l'*eau* est chauffée dans un vase ouvert, et qu'elle peut s'évaporer librement, elle n'acquiert qu'un degré de chaleur déterminée et qui n'augmente plus, quelque activité qu'on donne au feu, sur lequel on la chauffe ; ce plus grand degré de chaleur que l'eau acquiert de cette manière est celui qu'elle a lorsqu'elle bout à gros bouillons. Ce point ainsi que celui où commence la congélation de l'*eau*, font deux termes assez fixes : ces termes déterminés sont d'une grande utilité dans une infinité de circonstances. L'*eau*, comme nous l'avons dit, étant volatile se réduit en vapeurs qui s'exhalent et s'éloignent aussi du feu, dont elles éludent l'action aussitôt qu'elles éprouvent un certain degré de chaleur. La preuve de cela, c'est qu'il n'y a que les corps volatils qui aient cette propriété ; les corps fixes étant susceptibles de prendre une chaleur qui augmente d'une manière indéfinie, à proportion de l'activité du feu qui les pénètre et de leur degré de fixité : d'où il suit que plus les corps sont volatils, moins le plus grand degré de chaleur qu'ils peuvent prendre est considérable.

Quand l'*eau* et tous les corps volatils sont exposés au feu, mais enfermés ou retenus de manière qu'ils ne peuvent s'évaporer et en éluder l'action, alors ils sont capables d'acquérir un degré de chaleur beaucoup plus considérable, indéterminé, ou plutôt proportionné à leur fixité forcée.

Il faut observer, que lorsque l'*eau*, de même que tous les autres corps volatils sont forcés d'éprouver ainsi un beaucoup plus grand degré de chaleur que leur volatilité ne le comporte, ils sont dans un état violent ; d'où il arrive qu'ils surmontent et brisent les obstacles qui les retiennent avec une explosion d'autant plus forte, qu'ils sont plus fortement resserrés, et qu'ils éprouvent une chaleur plus grande et plus subite.

On conçoit par là pourquoi l'eau fait de si terribles explosions, lorsqu'on lui applique un grand degré de chaleur assez subitement, pour qu'elle n'ait pas le temps de s'exhaler tranquillement en vapeurs. Cela arrive, par exemple, quand on verse de l'*eau* dans de l'huile très chaude ou qu'on verse un sel fondu et rouge dans un vase qui contient quelques gouttes d'*eau*.

L'eau paraît une substance inaltérable et indestructible ; du moins, jusqu'à présent, il n'y a aucune expérience connue, de laquelle on puisse conclure que l'*eau* peut être décomposée. Qu'on la fasse entrer dans telle combinaison qu'on voudra : qu'on la retire ensuite, on la trouvera toujours telle qu'elle était auparavant, en la purifiant suffisamment. Qu'on la distille seule, ou avec un intermède quelconque, elle restera toujours de la même nature ; aucune de ses propriétés essentielles n'en recevra le moindre changement : l'*eau* est donc un corps simple et inaltérable.

Une multitude d'expériences et d'analyses démontre que l'*eau* entre en qualité de principe dans la combinaison d'une infinité de corps composés, tels que les substances *salines* et *huileuses* quelconques, et par conséquent qu'elle fait partie de toutes les matières vegétales et animales, comme aussi de tout ce qu'il y a de salin parmi les minéraux. Plusieurs pierres même qui paraissent ne contenir rien de salin, telles que sont toutes les pierres et terres calcaires, renferment une certaine quantité d'*eau* qui semble être dans une sorte d'état de combinaison.

L'*eau* est le dissolvant d'un grand nombre de corps : il paraît qu'elle est capable de tenir dans une sorte de dissolution, une certaine quantité d'air ; car il n'y a point d'*eau* naturelle qui, étant mise sous le récipient de la machine pneumatique, ne laisse échapper plusieurs bulles d'air ; et l'*eau* dont on a ainsi séparé l'air, est en état d'en reprendre la même quantité, c'est-à-dire, que si on introduit un peu d'air dans de pareille *eau*, cet air au lieu de former une bulle, comme il a coutume de le faire dans de *l'eau* qui en est saturée, s'incorpore, et disparaît dans celle-ci.

Ainsi que nous l'avons fait remarquer, l'*eau* mise continuellement en activité par le feu, non-seulement conserve la fluidité dont elle est susceptible, mais même elle passe à un état de vapeur, sitôt qu'elle éprouve un degré de chaleur considérable.

L'*eau* est aussi un dissolvant propre de toutes les substances mucilagineuses, gommeuses et gélatineuses, lesquelles sont composées de principes salins, huileux et terreux.

Il est aisé de juger, d'après ce qui vient d'être dit, des propriétés de l'*eau*, qu'elle est d'un grand usage dans une infinité d'opérations de chimie, et particulièrement dans la *teinture*; mais, d'un autre côté, comme elle est le dissolvant d'un si grand nombre de corps, et probablement même de tous corps, il doit se trouver peu d'*eau*, dans son état naturel, qui ne soit chargée de quelque matière hétérogène; aussi est-il certain qu'on ne trouve pas d'*eau* naturelle qui soit absolument pure. Les *eaux* de rivières et des sources, quelque limpides qu'elles soient, charrient toutes une certaine quantité de terre qui leur est mêlée dans un état moyen, entre la simple interposition des parties de la vraie dissolution. Les meilleures *eaux* de cette espèce sont celles qui ne coulent que sur des sables, des grès et autres matières vitrifiables, parce que c'est l'espèce de terre qui se laisse le moins attaquer par l'*eau*.

Les *eaux* d'une infinité de sources et de rivières, tiennent en dissolution réelle une plus ou moins grande quantité de matières gypseuses et sélétineuses, parce qu'il est impossible que l'*eau* qui coule dans des terrains remplis de ces matières, dont elle est le dissolvant, n'en dissolve effectivement une certaine quantité et même jusqu'à saturation. De pareilles *eaux* non-seulement ne sont point propres aux opérations de la teinture, mais ne sont pas même bonnes à boire, à dissoudre le savon, etc., ce sont des espèces d'*eaux minérales*, qu'on appelle *eaux dures* et *eaux crues*.

Les *eaux* de pluies et de neiges, recueillies avec les attentions convenables, c'est-à-dire dans un temps qui n'est point orageux, quand il a déjà plu ou neigé pendant un certain temps, en plein air, loin des habitations des hommes, et reçues dans des vases de grès ou de terre, sont les meilleures et les plus pures de toutes les *eaux* naturelles ; elles le sont même assez pour la plupart des *opérations de teinture*, parce qu'elles ont été purifiées par une espèce de distillation naturelle ; cependant on n'a pas toujours la commodité de se procurer de pareille *eau*, on est dans l'usage de se servir de la plus pure et de la plus limpide, des rivières, enfin de toutes celles susceptibles de dissoudre le savon.

§ III. — DE LA VOLATILITÉ.

La volatilité est la propriété qu'ont un grand nombre de corps de se réduire en vapeurs légères qui s'exhalent lorsqu'ils sont exposés à l'action du feu. Cette qualité est opposée à la *fixité ;* elle provient de la *dilatabilité* plus ou moins grande qu'ont les différents corps par l'action du feu, et varie beaucoup, suivant leur nature. A la rigueur, il n'y a peut-être aucune espèce de matière dans la nature qui ne soit *volatile;* mais comme il y en a dont la volatilité ne peut devenir sensible que par l'action d'un feu si violent, qu'il surpasse tous les degrés de chaleur que nous puissions produire ou même observer, nous réputons ces dernières matières non *volatiles* et fixes.

Les substances les plus *volatiles* ou les plus expansibles par la chaleur, qui nous soient connues, sont, après la matière du feu ou de la lumière, 1° l'air et tous les gaz, c'est-à-dire, les substances qui ont, malgré la pression de l'atmosphère et le plus grand froid naturel ou artificiel, la même agrégation que l'air, qui sont, comme lui, dans l'état et sous la forme de fluide élastique; 2° toutes celles des matières salines, inflammables ou métalliques, qui, quoique habituellement dans l'état de liqueurs non compressibles, ou même dans l'état de corps solides, peuvent, tant par l'effet de la chaleur que par la cessation du poids de l'atmosphère, se mettre dans le même état de fluides élastiques compressibles; 3° enfin, les substances fluides ou solides, s'il y en a, car cela n'est pas encore bien déterminé, qui, quoique capables de se raréfier par la chaleur, et de s'exhaler en particules infiniment petites, ne se réduisent cependant point par là en fluides invisibles, élastiques et compressibles comme l'air et les gaz.

§ IV. — DU BAIN.

On donne le nom de bain à différentes matières dont on se sert pour transmettre la chaleur. La plus usitée pour cela est l'*eau.*

Comme l'eau, lorsqu'elle est exposée à l'action du

feu, dans quelque vase, avec la liberté de s'évaporer, ne prend qu'un degré de chaleur déterminé, et qui reste toujours le même, lorsqu'une fois elle est parvenue à une pleine ébullition, il s'ensuit que le *bain-marie* est un moyen sûr de transmettre ce degré de chaleur d'une manière toujours égale. De plus, ce même degré de chaleur de l'eau bouillante étant incapable de brûler et de communiquer une qualité enpyreumatique à aucune des matières qui en sont susceptibles, le *bain-marie* procure encore l'avantage de n'avoir rien de semblable à craindre pour les substances qu'on y expose. On peut se servir aussi, avec succès, de *bain-marie* pour tous les degrés de chaleur, inférieurs à celui de l'eau bouillante.

§ V. — DE L'AIR.

L'*air* est un fluide invisible, inodore, insipide, dont nous ne sentons point la saveur à cause de l'action continuelle qu'il exerce sur nos organes depuis notre naissance, ce qui est cause que nous ne pouvons l'apercevoir que par le toucher. Il n'est pas impossible lorsque la lumière parvient à nos yeux en traversant une très grande épaisseur d'*air*, comme l'est celle de l'atmosphère terrestre, que ce liquide ne devienne sensible à nos yeux jusqu'à un certain point. Des savants pensent même que cela est certain, et que c'est là la cause de la couleur bleue que nous rapportons au *bleu céleste*. Mais l'*air* de l'atmosphère est-il pur ? n'est-il pas, au contraire, chargé d'une quantité considérable de substances volatiles qui émanent perpétuellement de l'eau, et de tous les corps végétaux, animaux, minéraux, qui composent le globe terrestre? et comment savoir si cette couleur n'est pas due au mélange de toutes ces matières hétérogènes ?

On regarde l'*air* comme un corps simple, élémentaire, et un principe primitif, parce que l'on ne peut lui causer d'altération ni le décomposer par les moyens connus dans la chimie. L'*air* est toujours sous la forme d'un fluide, quoiqu'il ne soit peut-être pas essentiellement fluide par lui-même ; mais il paraît constant qu'on n'a jamais observé, dans la nature, ni dans les refroidissements artificiels, un degré de froid assez fort pour le priver de sa fluidité. Nous ne pouvons guère nous flatter d'avoir l'*air*, non plus que les autres éléments, dans un degré de pureté absolue, il se trouve au contraire, toujours chargé d'une plus ou moins grande quantité de corps étrangers, provenant des exhalaisons perpétuelles des matières volatiles, et surtout de l'eau et de plusieurs gaz avec lesquels même il a un certain degré d'adhérence.

Les parties intégrantes de l'*air*, quoique sans doute très déliées, le paraissent cependant moins que celles de l'eau, et même de plusieurs autres liquides moins simples, tels que l'*esprit-de-vin* et les *huiles* ; du moins ces liquides passent assez facilement par les pores de plusieurs corps, tels que le papier, la peau, etc., à travers lesquels l'*air* ne passe point, ou ne passe que très difficilement.

Beaucoup d'expériences chimiques prouvent que la plupart des matières végétales et animales contiennent une quantité d'*air* prodigieuse, et qu'on aurait peine à croire si les effets qu'il produit n'étaient aussi considérables et aussi sensibles. La chimie fournit beaucoup d'occasions, non-seulement de remarquer et d'observer ces phénomènes, mais encore d'apprécier la quantité d'*air* que l'on voit se développer ou s'absorber dans plusieurs opérations.

Il paraît, au reste, que l'*air*, de même que les autres principes primitifs, se trouve dans les corps dans deux états différents, c'est-à-dire, que dans certains corps et certaines circonstances, il est simplement dispersé, et interposé entre les parties intégrantes, mais sans adhérer à ces mêmes parties, ou du moins n'ayant avec elles qu'une adhérence très faible. Cet *air*, qu'on peut séparer par des moyens purement mécaniques, tels que l'opération de la machine pneumatique, la compression, la secousse, qui jouit d'ailleurs de toutes ces propriétés, ne doit pas être regardé comme étant un des éléments des corps dans lesquels il est dans cet état ; mais l'*air* qu'on ne peut séparer de plusieurs corps qu'en les analysant et en employant les moyens de décomposition que fournit la chimie, qui, d'ailleurs, tant qu'il est dans ces corps, est privé d'une des propriétés de son agrégation, telle, par exemple, que son élasticité qu'il ne recouvre qu'à mesure qu'il est dégagé ; cet *air*, dis-je, doit être considéré comme étant véritablement un des éléments ou parties constituantes de ces corps.

Les propriétés de l'*air* pur, et qui lui font jouer un grand rôle dans la chimie, sont :

1° Sa dilatabilité, c'est-à-dire qu'il est susceptible de se raréfier beaucoup, et d'occuper un espace beaucoup plus considérable que son volume lorsqu'il éprouve la plus grande chaleur possible ;

2° Sa compressibilité, c'est-à-dire, que l'effet contraire à celui dont on vient de parler, lui arrive par le froid et par la compression ;

3° Son élasticité, qui n'est autre chose que la force avec laquelle il tend à se mettre dans son état naturel lorsqu'il est violemment raréfié, comprimé ou condensé, et l'effort qu'il fait pour cela sur les corps qui s'opposent à son rétablissement;

4° Sa pesanteur, qui le détermine à se précipiter avec impétuosité dans tous les espaces qu'il n'occupe pas, qui ne sont point remplis par des corps plus pesants, et où il peut trouver accès ;

5° La faculté que l'*air* a de faciliter considérablement l'évaporation des matières volatiles que le feu sublime. C'est un fait très prouvé, que le concours de l'*air* accélère beaucoup les évaporations et les distillations quelconques. On voit, par exemple, qu'en dirigeant le vent d'un soufflet à la surface de quelque corps volatil qu'on fait évaporer sur le feu, telle que l'eau, etc., la fumée ou les vapeurs de ces corps augmentent d'une manière très sensible ;

6° Enfin, la plus singulière des propriétés de l'*air*, et en même temps une des plus intéressantes de la chimie, consiste en ce qu'aucun corps combustible ne peut brûler sans son concours; et que plus il est déterminé à frapper vivement les corps embrâsés, plus il les fait brûler rapidement; d'où il s'ensuit que comme la plupart des opérations de *teinture* ne peuvent se faire qu'à l'aide du feu, on a continuellement besoin d'un courant d'*air* plus ou moins fort et déterminé dans certaines directions, pour produire le degré de feu qu'on veut avoir. On parvient à se procurer ces courants d'*air* par le moyen de soupapes établies aux fourneaux,

dans lesquels la chaleur entretient un vide perpétuel ;
l'*air* extérieur est déterminé et forcé à entrer par le
cendrier pour aller remplir le courant qui passe à travers le foyer, et qui est d'autant plus fort et plus rapide, que le vide du haut fourneau est plus grand.
Enfin, l'*air*, lui-même, sert d'aliment à la flamme.

FIN

TABLE DES MATIÈRES

CHAPITRE III

DES TEINTURES EN GÉNÉRAL

CHAPITRE IV

DES AGENTS CHIMIQUES EMPLOYÉS EN TEINTURE

CHAPITRE V

DES DIVERSES TEINTURES

CHAPITRE VI

DES DIVERS PROCÉDÉS DE TEINTURE

DEUXIÈME PARTIE

IMPRESSION DES TOILES — FABRICATION DES INDIENNES.

CHAPITRE I

OPÉRATIONS PRÉLIMINAIRES

CHAPITRE II

MORDANTS POUR L'IMPRESSION DES TOILES

CHAPITRE III

DES COULEURS D'APPLICATION

CHAPITRE IV

CHAPITRE V

CHAPITRE VI

IMPRESSION DES TOILES EN PETIT TEINT

CHAPITRE VII

CHAPITRE VIII

IMPRESSION DES TOILES PAR LES RONGEANTS

CHAPITRE IX

TROISIÈME PARTIE

PHÉNOMÈNES PHYSIQUES. — LEUR ACTION EN TEINTURE.

CHAPITRE I

ÉLÉMENTS GÉNÉRAUX

CHAPITRE II

DE LA DÉCOCTION, DE L'EAU, DE L'AIR, DU FEU, DES HUILES, DES BAINS, DE LÀ VOLATILITÉ.

VERSAILLES. — IMPRIMERIE CERF, 59, RUE DU PLESSIS.

ANNONCES

DU

GUIDE THÉORIQUE ET PRATIQUE

DU

TEINTURIER

L'engagement que nous avons pris vis-à-vis de
nos Souscripteurs de faire paraître à époque fixe
le *Guide théorique et pratique du Teinturier*, nous a
empêché d'insérer dans le corps de cet ouvrage la
description du nouveau procédé de dégraissage et
mise à neuf des tissus par l'*Esprit minéral Zuccani*,
en attendant que nous puissions, dans une prochaine
édition, donner l'explication détaillée de ce procédé
et des avantages qu'il présente, nous recomman-
dons à la sérieuse attention de nos lecteurs la notice
suivante.   (NOTE DE L'ÉDITEUR.)

« L'essence de térébenthine généralement employée pour
» le dégraissage des étoffes par le lavage en plein, présente de
» tels inconvénients par son odeur empyreumatique persis-
» tante et sa nature résineuse, même dans les mieux rectifiées,
» qu'on a dû chercher une autre essence plus propre à ce tra-
» vail, l'essence de houille, ou benzine, devait parfaitement
» remplir ce but, mais le prix des bonnes qualités était telle-
» ment élevé, et celles à bon marché, que beaucoup de teintu-
» riers-dégraisseurs, ont dû continuer l'emploi de la défec-
» tueuse essence de térébenthine.
» MM. L. ZUCCANI ET Cie, par les soins apportés à leur
» fabrication, et l'économie importante due à une grande exploi-
» tation, viennent de résoudre le problème de bonne qualité
» réunie au bon marché. Sous la garantie de la désignation :

ESPRIT MINÉRAL ZUCCANI N⁰ 3

» ils sont en mesure de fournir une qualité parfaite pour le
» lavage en plein à un prix presque aussi modéré que celui des
» essences rectifiées; les qualités d'**Esprit minéral Zuc-**
» **cani n⁰ 1**, pour la mise à neuf des gants de peau sans
» odeur; **n⁰ 2**, pour détachage, sont assez connus pour que
» nous n'ayons pas besoin d'en faire l'éloge. »

L. ZUCCANI & CIE

FABRIQUES DE PRODUITS CHIMIQUES

A SOMAIN (Nord) et à SAINT-DENIS (Seine)

MAISON DE VENTE : 51, RUE DU TEMPLE, A PARIS

Eugène LACROIX fils

BOULEVARD St-HILAIRE, 23 et 27

A ROUEN

(Seine-Inférieure)

CONSTRUCTEUR DE MACHINES A VAPEUR

MACHINES A PEIGNER LE LIN

à fouler les draps, à élargir et sécher les tissus.

SPÉCIALITÉ DE MÉTIERS A TISSER.

1

A. MERCIER

CONSTRUCTEUR-MÉCANICIEN

A LOUVIERS (EURE)

Machines de toutes espèces pour carder, filer la laine et fabriquer les draps ; peigneuses à laine d'un nouveau système et les machines préparatoires ; métiers à tisser (mécaniques) pour draps lisses et nouveautés, pouvant marcher à une ou plusieurs navettes.

Filature de laine à ANTHOUILLET (Eure)

(6,000 BROCHES.)

2

N. SCHLUMBERGER & Cie

A GUEBWILLER (Haut-Rhin)

Construction de Machines pour Filatures et Peignages

ÉTABLISSEMENT TRÈS IMPORTANT

MÉDAILLES

4

F.-J. GRUN

INGÉNIEUR-MÉCANICIEN

(Médailles aux Expositions)

A GUEBWILLER

(Haut-Rhin)

Construction de toutes machines pour filatures de coton, laine, lin, soies ; moteurs hydrauliques et transmissions, etc. Filatures de laine peignée.

3

J. DUCOMMUN

à MULHOUSE (Haut-Rhin)

CONSTRUCTION DE MACHINES

Outils, machines pour l'impression des étoffes et pour la gravure des étoffes.

Médailles aux Expositions

5

Léopold MULLER Fils

A THANN (Haut-Rhin)

FONDERIE ET ATELIER DE CONSTRUCTION

Machines pour filatures de coton, de laine peignée et cardée, de lin et de soie.—Métiers mécaniques à tisser les draps.

Médailles aux Expositions.

6

F. COSTE

15, RUE D'ANNONAY, 15

A SAINT-ÉTIENNE

(LOIRE)

Persulfate de Fer 45°, pour noir et pour bleu, qualité extra-supérieure, de 20 à 23 francs les 100 kilogrammes, emballage en sus.

8

S. STAMM

(Médailles aux Expositions)

A THANN (Haut-Rhin)

FONDERIE

Ateliers de construction pour machines à vapeur, roues hydrauliques, turbines, transmissions de mouvements, machines-outils, machines pour filatures, tissage et retordage.

7

Alexandre GIRARD

1, RUE PASSET (Guillotière)

A LYON (RHÔNE)

Constructeur de MACHINES A VAPEUR

SPÉCIALITÉ POUR FILATURES

ET MÉTIERS MÉCANIQUES

9

DELMOTTE ET Cⁱᵉ

MÉCANICIENS - CONSTRUCTEURS

A LILLE (NORD)

Fabrique spéciale de BROCHES

Et Pièces détachées pour Filatures.

10

Alp. CHESNEAU

A ROUEN

RUE DES ROULETTES, 9 BIS

ET

A PAQUES

RUE D'ELBEUF, 43 ET 45 BIS

Constructeur de Mécaniques pour indiennes; Machines à imprimer de une à cinq couleurs; Machines à graver à la molette; Machines à vapeur et transmissions; Machines à couper les racles, brevetées.

13

GRANJEON ET CIE

(Compagnie du Bleu-d'Outre-Mer)

A LYON (RHÔNE)

Comptoirs : rue St-Dominique, 4 ;
Usine : à La Villette-lez-Lyon.

Brevet d'invention, s. g. d. g., pour azurage, peinture et impression. Médaille à l'Exposition universelle de 1855.

11

L. ROECK ET CIE

RUE DE GRIFFON, 6

A LYON

INGÉNIEUR-MÉCANICIEN

(CINQ MÉDAILLES)

Constructeurs d'usines pour filatures et moulinage des soies.

Expédition pour tous Pays

12

CH. PAPETY ET CIE

A MARSEILLE

(BOUCHES-DU-RHÔNE)

FABRIQUE D'ACIDES

Tartrique et Citrique

CRÊME DE TARTRE, Etc.

14

PAULY, GROS ET CIE

A LYON

(RHONE)

FABRIQUE de CRISTAUX DE TARTRE

D'ACIDE TARTRIQUE

Crême de Tartre, etc.

15

PEYROULX

A CHANTELLE

(ALLIER)

FABRIQUE

DE

PRODUITS CHIMIQUES

Bleu de cobalt ; tartrate de potasse antimoiné ; oxisulfure d'antimoine hydraté, etc.

16

S. WEIL ET NEVEU

A STRASBOURG

(BAS-RHIN)

FABRIQUE D'ACIDE TARTRIQUE

Sel de Seignette

CRÊME DE TARTRE, ETC.

17

TRUMARD

A CAEN

(CALVADOS)

PRODUITS CHIMIQUES

Sulfate de Fer, etc.

16 bis

Pr. M. MAUBEC

A ELBEUF

(Seine-Inférieure)

FABRIQUE DE SAVON

A BASE DE SOUDE ET A BASE DE POTASSE

Pour le Foulage, etc.

18

ROUSSEL DE LIVRY Fils

A TOURCOING

(NORD)

FABRIQUE DE SAVONS MOUS

Pour le Dégraissage des Laines.

19

MINES DE BOUXWILLER

(BAS-RHIN)

Directeur-Gérant, M. C. Schattenmann

Alun, Sulfate de fer, Prussiates de Potasse jaune et rouge, produits ammoniacaux, etc.

21

Pr. BROUSSE

A PEZÉNAS

(HÉRAULT)

EXTRAIT DE GAUDE

Pour la Teinture

(RESEDA LUTEOLA)

20

AGARD, PRAT ET Cie

A MARSEILLE

(Bouches-du-Rhône)

FABRIQUE DE SULFATE DE SOUDE

DE MAGNÉSIE ET DE POTASSE

Chlorures de potassium, de magnésium ; carbonate de potasse, magnésie, etc.

22

MALÉTRA ET Fils

A PETIT-QUEVILLY

(SEINE-INFÉRIEURE)

FABRIQUE

DE

PRODUITS CHIMIQUES

Acides sulfurique, chlorhydrique, azotique ; Sels de soude, de fer, de cuivre, de zinc, d'étain ; Chlorures.

24

ROUSSELLE

CHIMISTE

Se charge de donner tous les renseignements nécessaires sur la manipulation des teintures, la décomposition des diverses teintes et des matières y employées.

(Écrire franco)

143, CHAUSSÉE DE MÉNILMONTANT, 143.

PARIS

29

ED. DEISS

RUE DE BRETAGNE, 63,

A PARIS

Acides chlorhydrique, azotique, Potasse caustique, bi-carbonate de potasse; hyposulfite de soude, sulfates, carbones, etc.

23

A. BONAFOUX

A MARSEILLE

(Bouches-du-Rhône)

FABRIQUE

DE MAGNÉSIE CALCINÉE

Carbonate et Sulfate de magnésie sulfate de potasse.

26

BERTHE Frères

A HONFLEUR

(CALVADOS)

FABRIQUE

DE

PRODUITS CHIMIQUES

Acides Sulfurique, Azotique

SULFATE DE FER, ETC.

25

BARBIER

FABRIQUE D'ALBUMINE

PARIS

Rue des Fossés-Saint-Marcel, 46

31

ROQUES et BOURGEOIS

FABRICANTS DE PRODUITS CHIMIQUES

23, QUAI PROLONGÉ DE LA GARE

A IVRY (Seine)

Essence de Vinaigre rouge, ambré ou blanc; Vinaigre concentré; Acide acétique bon goût pour manufacture, cristallisable de 7 jusqu'à 10 degrés; Pyrolignite de plomb sec et pur, de fer de 14 jusqu'à 20 degrés; Acide pyroligneux distillé; Alcool de bois extra-fin; Acétates divers; Acétate de plomb, dit Sel de Saturne, etc., etc.

33

ANFRAY, BALMONT et Cie

(Successeurs de S. LANDRIN)

DROGUERIES POUR TEINTURES

ET PRODUITS CHIMIQUES

22, rue des Billettes, à Paris

30

FÉLIX RAVERDY

5, AVENUE DE LA RENCE, 5

A AUTEUIL (SEINE)

FABRIQUE DE CARBONATE DE SOUDE

SEL DE SOUDE

Potasse et Eau de Javelle.

32

DISERY

SUCCESSEUR

DE SABROUX

Carmin d'indigo, Sulfate d'indigo, Cochenille ammoniacale et Drogueries.

Dépôt

RUE VIEILLE-DU-TEMPLE, 23

PARIS

Fabrique

Rue St-Maur-Popincourt, 45, à Paris

37

CL. COLAS

8, RUE DAUPHINE, 8

A PARIS

BENZINE

Pour Dégraisser les Étoffes

ESSENCE DE MIRBANE

PRODUITS CHIMIQUES

27

L. KESSLER

A LA ROBERTSAU

(BAS-RHIN)

FABRIQUE

DE

Produits Chimiques

ACIDE URIQUE

Tissus teints par l'Acide Urique.

28

E. BARDON et ASSELINE

DROGUERIES POUR TEINTURES

ET PRODUITS CHIMIQUES

A PARIS

Passage Ste-Croix-de-la-Bretonnerie, 11

MAISON A BARCELONE

ESPAGNE

34

Vve CHAUVIÈRE

FABRIQUE

d'Acide Sulfurique

GRANDE ROUTE D'ISSY, 32

A PARIS

35

BOUTIN, POINSOT ET Cie

RUE DE JAVEL, 64

GRENELLE, à PARIS

Produits chimiques, Acide acétique, Acétate de plomb, de cuivre, etc., Vinaigres concentrés, Esprit de bois, Borax, Raffinage du camphre, Distillation de la betterave, Mouture de noir animal et de tartre brut.

36

A. HUILLARD, AINÉ

15, rue Vieille-du-Temple, 15

A PARIS

Fabrication de Produits chimiques

TELS QUE

ORSEILLE, CARMIN D'INDIGO

SULFATE D'ALUMINE

COCHENILLE AMMONIACALE

3

CH. BOURGUIGNON

ACIDES NITRIQUE

SULFURIQUE, MURIATIQUE
SALPÊTRE
BORAX, ACIDES PURS, etc.

Rue Saint-Martin, 211, à Paris.

39

CH. COLLIN

Potasses, Soudes, Chlorures, Savons, Acides nitrique, muriatique, acétique; Vinaigre concentré, Manganèse.

PRODUITS CHIMIQUES

COMMISSION

Rue Quincampoix, 15
A PARIS.

40

Eug. GUEYMARD et Cie

A GRENOBLE

(Isère)

FABRIQUE DE COUPEROSE

45

JAMET et BADARD Jeune

A SAINT-CHAMOND

(Loire)

FABRIQUE D'ACIDES GALLIQUES

SIROPS DE CHATAIGNIERS

46

J. DROUIN

Rue Sainte-Croix-de-la-Bretonnerie, 21

à Paris

DÉPOT DES MINES DE BOUXWILLER

Prussiates jaune et rouge, Bleu de Berlin, Bleu de Prusse, Sel ammoniac, Alun, Vitriol Saltz-bourg, Couperoses et Phosphore.

41

FOURNET & COUTANCEAU

FABRIQUE

DE PRODUITS CHIMIQUES

Acides tartrique et sulfurique

A CAUDÉRAN-lez-BORDEAUX

(Gironde).

44

FABRIQUE

DE PRODUITS CHIMIQUES

à CHAUNY (Aisne)

DIRECTEUR GÉN. : LACROIX

DÉPOT :

RUE SAINT-DENIS, 313, A PARIS

Acide sulfurique, acide muriatique, sulfate, soude brute, sel de soude, cristaux de soude, chlorure de chaux, chlorure d'étain, chlorate de potasse, bicarbonate, chlorure de zinc.

ETC., ETC.

46

E. COËZ ET Cᴵᴱ

MANUFACTURE

DE

MATIÈRES COLORANTES

POUR TEINTURE ET IMPRESSION

A Sᴛ-DENIS (Seine)

Brevetés pour l'application à la Teinture des laques ou précipités de matières colorantes.

Laque de bois jaune cuba, pour verts.
  »   »   de fustel,   »   orange.
  »   »   de quercitron, »   jaune vif.
  »   »   de cochenille ammoniacale, amaranthes et roses.

Ces laques ou précipités remplacent avec avantage les matières premières, en ce sens qu'on prépare les bains instantanément suivant la nuance qu'on veut faire ; la manutention se trouve abrégée des deux tiers, et les nuances sont toujours parfaitement unies depuis le ton le plus pâle jusqu'au plus foncé.

Chaque laque remplace la matière première dans toutes ses applications ; ainsi, par exemple, la laque de bois jaune remplace le bois jaune dans toutes les teintures ou ce bois est employé, et ainsi des autres.

Pour employer ces diverses laques, il faut avoir soin de les dissoudre préalablement dans l'eau.

43

ROBERT DE MASSY ET DÈCLE

A SAINT - QUENTIN (Aisne)

Alcool, Sulfate, Carbonate, Muriate de potasse,
Soude, Sucre, etc.

FABRIQUE A ROCOURT - LÈS - SAINT - QUENTIN

50

TISSOT

PRODUITS GOMMEUX

POUR IMPRESSION SUR ÉTOFFES

et gommeline pour apprêts

RUE DUNKERQUE, 82

A PARIS

42

CAUGOURDAN & CIE

Quai du Canal, 3

A MARSEILLE

(Bouches-du-Rhône)

DROGUERIE EN GROS

POUR TEINTURES

47

MICHEL ET TARDIVI

SPÉCIALITÉ POUR TEINTURES

A MARSEILLE

20, rue du Saint-Sépulcre

48

Jules GAYET et GOURJON

SOUDE, PRODUITS CHIMIQUES

Rue de Paradis, 119, à Marseille

Fabrique à Montredon

51

MURE ET QUINON

FABRIQUE

DE SOUDE ET SEL DE SOUDE

A MARSEILLE

49, Rue de Breteuil, 49.

52

FROMENT-ANCELLE et Cie

A PARIS

RUE DE FLANDRE, 47

ET

Rue d'Isly, 35

SAVON A BASE DE SOUDE

ET POTASSE

Huiles pour Manufactures

54

Alfred MICHEL

A PUTEAUX

(Seine)

4, QUAI IMPÉRIAL, 4

FABRIQUE

Pour l'extraction de la matière colorante des bois de teintures pour teintures et impressions.

EXTRAITS D'ORSEILLE

53

FORTIER & BERLIER

RUE NEUVE, 7

A LYON (Rhône)

SPÉCIALITÉ

DE

PRODUITS CHIMIQUES

Pour Impressions et Teintures

55

Victor ARLOT et Cie

A PARIS

RUE D'ALLEMAGNE, 202

(Prés-Saint-Gervais)

ANCIENNE SAVONNERIE VILTART

Savon de ménage à base de résine, vert, bronze, jaune lisse première, jaune ordinaire et moricaud.

57

GUINON Jeune & Cie

RUE CHILLON, 79

A LYON (Rhône)

SUCCURSALE A PARIS

9, RUE NEUVE-SAINT-PAUL,

Orseille d'herbes, extrait d'orseille, carmin et composition d'indigo, cochenille ammoniacale, acide picrique cristallisé et en pâte, et divers articles de droguerie.

56

A. FRANC & Cie

Rue Neuve, 7

A LYON (Rhône)

FABRIQUE

DE PRODUITS CHIMIQUES

SULFATE D'INDIGO, ORSEILLE

Produits pour Teintures et Impressions sur Étoffes.

58

P. E. DUBAIL

MARAIS ET BAILLET, Surs

A PARIS

Rue St.-Denis 75, et Aiguillerie 2

PRODUITS CHIMIQUES ET TEINTURES

61

Louis RAFFARD et Cie

44, RUE DE VAUBAN, 44

A LYON

FABRIQUES A LYON ET A GIVRAY (Isère)

DÉPOTS : à Paris, Mulhouse et Nîmes

Acide picrique en pâte et cristaux ; Acide nitrique 36° et 40° ; Extraits de bois de teinture et autres matières colorantes à l'état sec et liquide.

Laques de bois de teinture et de cochenille.

Autres produits pour teinture et impression.   60

Ant. GIRARD et BADIN

PRODUITS CHIMIQUES

Grande-Rue des Charpennes, 2

A LYON (Rhône)

Orseille d'herbes, rud-beards, extrait d'orseille, carmin d'indigo, indigotine, composition d'indigo brute et neutre, cochenille ammoniacale, acide picrique, sel d'étain, etc., etc,   59

DROUIN ET BROSSIER

A LA BRICHE

St-DENIS (Seine)

PRODUITS CHIMIQUES

pour teintures et impressions
Extrait de bois de teinture, Acide nitrique,
Carbonate de potasse, etc.   63

DUMONT

Commissionnaire et Consignataire
pour les articles de Droguerie

PRODUITS CHIMIQUES

Iode, Iodure de potassium, brômé, brômure de potassium et autres produits de la MAISON TISSIER AÎNÉ ET FILS, du Conquet (Finistère).

6, Rue de Braque, 6

A PARIS   62

ADOLPHE MAUPRIVEZ

DROGUERIES

teintures, produits chimiques
savons en morceaux, savon
vert en pâte

Rue Ste-Croix-de-la-Bretonnerie, 52

A PARIS   67

P. FLEURIET et de DELATRE

COULEURS

TEINTURES

et produits chimiques

FABRIQUE DE VERNIS

Rue Poterie-des-Arcis, 158

A PARIS

64

GUINON JEUNE ET Cie

REPRÉSENTÉS PAR

LÉON POMEY

Rue Neuve-Saint-Paul, 9, à Paris

Carmin et Composition d'indigo, Orseille, Cudbéard, Acide picrique et Cochenille préparée.

65

CHARLES MIEISSONIER

rue Vendôme, 19

A PARIS

Usine à Saint-Denis (Seine)

FABRIQUE

d'extraits de bois de teinture, orseille

ET PRODUITS CHIMIQUES

pour teintures et impressions.

68

LEVÉE FRÈRES ET MARIE

A PARIS

5, RUE COQ-SAINT-JEAN, 5

PRODUITS CHIMIQUES

Sels, Savons, Potasses, Sels de soude, Acides, Eau de Javel, bleu, etc.

66

POIRRIER et CHAPPET FILS

SUCCESSEURS DE

CH. MOTTET

FABRIQUE d'Orseille, Carmin d'indigo, Cochenille ammoniacale et produits divers pour la teinture et l'impression des étoffes.

BUREAUX ET MAGASINS :

RUE HAUTEVILLE, 23, A PARIS

Usine à Saint-Denis (Seine).

69

RENOUARD ET Gie

FABRIQUE

DE

SOUDE, POTASSE, MAGNÉSIE

représentés par

FÉLICIEN AGARD

à AIX (Bouches-du-Rhône).

72

HOUBIGANT, VASSEUR
ET COMPAGNIE
A CONFLANS
près Gonesse (Seine-et-Oise)

BUREAUX :

passage du Marché, 2,
Faubourg Saint-Martin, à Paris

BREVETÉS EN FRANCE, S. G. D. G.
ET A L'ÉTRANGER

PRODUITS

tinctoriaux nouveaux pour

la

teinture des soies en noir et en couleur

avec

un rendement important

et pour un nouveau noir solide
sur toutes les matières
textiles animales et végétales,
soit seules soit mélangées.

70

POMMIER

Orseillle, Cudbéards, Extrait
d'orseille, Carmin et Composition d'indigo, Cochenille ammoniacale pour Teinture et Impressions sur Etoffes, Laques, Sulfates d'alumine, Acide picrique,
Magnésie calcinée, albuminée,
etc., etc.

QUAI DE JEMMAQUES, 224
A PARIS.

Maison à Lyon, rue Sully, 1.

17

BARGY ET JACOTOT
FABRIQUE
DE
Colles et Noir animal
à DIJON (Côte-d'Or).

73

ERNEST BARRE
A NIMES (Gard)
FABRIQUE D'EXTRAITS COLORANTS
ET DE CHATAIGNIERS

74

APPOLT FRÈRES

A METZ (Moselle)

FABRIQUE DE BLEU

BLEU D'OUTREMER

ET PRUSSIATE DE POTASSE

ÉTABLISSEMENTS:

A BOULAY ET SAINT-AVOL
(Moselle)

et à SOULZBACH, près Saarbruck
(Prusse)

75

POUPON et COGNIEUX

A DIJON (Côtes-d'Or)

SPÉCIALITÉ DE COLLE BLANCHE

78

KUHLMANN ET Cie

A LILLE (Nord)

Acides minéraux, sels de soude, de potasse, de baryte, etc.

Fabriques à Loos, à Lille, à Saint-André, à Corbehem, à Amiens.

76

TROCHOT ET BOUCHER

A DIJON

(COTE-D'OR)

INDIGOS

DROGUERIES POUR PEINTURE

ET TEINTURE

COULEURS ET VERNIS

77

XARDEL

A MALZEVILLE, PRÈS NANCY

(Meurthe)

FABRIQUE

De noir animal, encres et noirs impalpables, sels ammoniacs, bi-carbonate de soude, sel de soude à haut titre, etc.

79

SERRET HAMOIR DUQUESNE et Cie

A VALENCIENNES (Nord)

FABRIQUE DE POTASSE

80

CHAPUS Frères

A WAZEMMES (Nord)

FABRIQUE DE BLEU D'AZUR

BLEU MINÉRAL

et de tournesol en point de Hollande.

79

CH. LUZER

FABRIQUE

DE

Produits Chimiques

A CHARMES-SUR-MOSELLE

(Vosges)

ACIDE URIQUE

ET

Dérivés tinctoriaux.

81

FABRIQUE

DE

PRODUITS CHIMIQUES

Acides sulfuriques, Sel de soude, etc.

A MOUSTIER-SUR-SAMBRE-LEZ-NAMUR

(BELGIQUE)

Directeur-Gérant : M. Salignat.

8

J.-R. GEIGY et HEUSLER

A BALE (SUISSE)

FABRIQUE D'EXTRAITS LIQUIDES

ET

DE BOIS DE TEINTURE

82

DOLLI, BERCHER ET Cⁱᵉ

A BALE (Suisse)

Fabricants de Produits chimiques
pour Teintures et Impressions

MAISON A UTTWEIL

83

MEURS

RUE DU GAZOMÈTRE, 9

A BRUXELLES

(BELGIQUE)

FABRIQUE D'ALBUMINE

84

BURKEL FRERES

FABRIQUE

DE

PRODUITS CHIMIQUES

Pour Teintures, Peintures, etc.

A GENÈVE (SUISSE)

USINE A PIMPULAIS

86

A. THISCA

Rue Rempart-des-Moines, 25

A BRUXELLES

(BELGIQUE)

FABRIQUE DE BLEU D'INDIGO

87

A. RIVES

FABRICANT de PRODUITS CHIMIQUES

Breveté en Belgique

25, BOULEVARD BARTHELEMY

A BRUXELLES

(BELGIQUE)

Fabrique de Savon économique; Esprit de savon préparé; pour teinturiers en rouge d'Andrinople; Huile tournante; Cristaux de soude; etc.

88

F. LABBÉ PÈRE, FILS, LAMY

A AMIENS

(SOMME)

INDIGOS, COCHENILLE

BOIS MOULUS

PRODUITS CHIMIQUES, etc.

91

WALCKIERS et Cⁱᵉ

A JETTE-St-PIERRE-LEZ-BRUXELLES

BELGIQUE

Fabrique de Chlorure de Chaux.

89

Ach. SIMONIN Fils

FABRIQUE DE SOUDE

Cristaux et Sel de Soude

ACIDES MINÉRAUX, ETC.

A LA POTERIE (Belbeuf)

(Seine-Inférieure)

A ROUEN

Chez MM. BUZILLE Frères

121, RUE DES CHARETTES

Et BOURCY Jeune et Cⁱᵉ

29, RUE ANCRIÈRE

90

Eug. GAILLARD

A BOLBEC

(Seine-Inférieure)

FABRIQUE

DE

BLEU DE PRUSSE

94

B. CRÉMIEUX

FABRIQUE DE GARANCE

A L'ISLE

(VAUCLUSE)

92

LAZARE Frères

A CARPENTRAS

(VAUCLUSE)

FABRIQUE DE PRODUITS CHIMIQUES

Pour Peinture et Teinture

93

Ed. LADENT

A AMIENS

(SOMME)

Indigo, Cochenille, Bois moulus,
Drogueries pour teintures
et peintures, etc.

COMMISSION, CONSIGNATION

95

Jᵖʰ PETOT

A ÉPINAL

(VOSGES)

SPÉCIALITÉ DE COULEURS

Teintures et Produits
chimiques.

98

Em. PRUNNOT

Drogueries pour Teintures

A AMIENS

(Somme)

96

GAUVIGNARD Fils Aîné

A POITIERS

(Vienne)

PRODUITS CHIMIQUES

Pour Teintures et Peintures.

97

E. KESTNER

A MULHOUSE

(Bas-Rhin)

FABRIQUE

DE

PRODUITS CHIMIQUES

MAISON A THANN.

99

P. QUENÉ fils

RUE EAU-DE-ROBEC, 151

A ROUEN

TRITURAGE DE BOIS DE TEINTURE

103

P. CHEVALIER

FABRIQUE DE SULFATE

ET

CARBONATE DE MAGNÉSIE

Magnésie calcinée et Sulfate
de soude

AU MANS

(Sarthe)

100

CUSINBERCHE FILS

Rue des Charrettes, 180

A ROUEN

(Seine-Inférieure)

Garance, Garancine et Produits
chimiques.

101

CH. DREVET ET CIE

A DIEPPEDALLE-LEZ-ROUEN

(Seine-Inférieure)

Produits chimiques et pyroligneux ; Acide acétique ; Pyrolignite de fer ; Acétates.

BREVETS D'INVENTION S. G. D. G.

QUAI DE DIEPPEDALLE, 20

A ROUEN

107

PH. MOREL ET CIE

INDIGOS

ET AUTRES TEINTURES

A ROUEN

(Seine - Inférieure)

9, Rue des Belles-Femmes.

102

MONNET - PETITJEAN

A CHALON - SUR - SAONE

(Saône-et-Loire)

FABRIQUE de PRODUITS CHIMIQUES

Salins ou Carbonate
de Potasse.

104

P. LANGLOIS

AU MANS

(SARTHE)

Fabrique de Sel de Magnésie
et de Soude, etc.

105

MUTEL Aîné

RUE PRÉFONTAINE, 16

A ROUEN

(SEINE - INFÉRIEURE)

TRITURAGE DE TEINTURES

106

E. CHOUILLOU

ACIDES SULFURIQUE & NITRIQUE

Sulfate de Soude et Carmin

d'Indigo

FABRIQUE A MAROMME

(Seine-Inférieure)

COMPTOIR :

A Rouen, chez M. Duhommet fils,
rue Grand-Pont, 61

*Dépôt chez M. Bazille frères, rue des
Charettes, 121, à Rouen.*

108

J. VARILLAT

ROUTE DE DARNETAL, 75 BIS

A ROUEN

Extraits solides de Bois de
teintures

FABRIQUE D'ACIDE PYROLIGNEUX

DÉPOT

A Rouen, chez MM. BAZILLE frères,
rue des Charettes, 121

109

BROCHOT & CIE

A CLICHY-LA-GARENNE (Seine)

FABRIQUE

D'ORSEILE & EXTRAIT D'ORSEILLE

111

TEINTURERIE NOUVELLE

JOLLY Fils

Rue de Rivoli, 98, à Paris

(Près la Tour St-Jacques)

VASTE ÉTABLISSEMENT

DE TEINTURE, DE NETTOYAGE

ET D'APPRÊT

Où sont appliqués, sur la plus grande échelle, des procédés chimiques et mécaniques spéciaux.

110

Julien BOUTIÉ

RUE DE L'INDUSTRIE, 5 (Grenelle)

A PARIS

FABRIQUE DE PRODUITS CHIMIQUES

Pour la Teinture

Spécialité de rouille à polir, etc.

112

Ch. CAMUS & Fils

A IVRY-SUR-SEINE

Boulevard de la Gare, 15

Maison à Paris, rue Barbette, 2.

MANUFACTURE

DE PRODUITS CHIMIQUES

Vert de Schweinfurt et métis, verdet raffiné, sel de saturne, acide acétique, sulfate de cuivre, méthylène.

113

HARDEL frères et Cie

60, QUAI DE LA GARE PROLONGÉ, 60

A IVRY-SUR-SEINE, PARIS

Acides pyroligneux et acétique, acétates de plomb et de cuivre, pyrolignite de plomb et autres produits.

114

LEMER Frères

A COMPIÈGNE (Oise)

FABRIQUE DE POTERIE DE GRÈS

Pour les produits chimiques

115

BOECKLER

A COLMAR

(HAUT-RHIN)

FABRIQUE

DE POTASSE BRUTE

dite salin

117

SCHAAFF et LAUTH

A STRASBOURG

(Bas-Rhin)

FABRIQUE DE GARANCE

Maison à Strasbourg.

120

E. JACQUEMIN et Cᴵᴱ

A STRASBOURG

(Bas-Rhin)

FABRIQUE DE PRODUITS CHIMIQUES

ET PHARMACEUTIQUES

Bleus de Prusse, rouille pour teinture, bleu pour azurage, encre de Chine, etc., etc.

Dépôt de l'Outremer Guimet

116

Benzart–Delgrange et Cⁱᵉ

A SAINT-AMAND (Nord)

FABRIQUES DE GRAISSES, HUILES

POUR MACHINES

Mastics métalliques pour joints et Machines à Vapeur

ACIDES SULFURIQUES, MURIATIQUES, ETC.

119

FAYOLLE & Cᴵᴱ

A MULHOUSE (Haut-Rhin)

DROGUERIES

Pour Teintures et Impressions

MAISON A LYON :

4, PLACE IMPÉRIALE, 4

123

L. RAIQUE

A MULHOUSE (Haut-Rhin)

GARANCE, DROGUERIE

PRODUITS CHIMIQUES, ETC.

118

FABRE, BLECH et C. HOFER

A MULHOUSE (Haut-Rhin)

DROGUERIES & TEINTURES

124

LEMAITRE et BUCHLÉ

RUE MALHER, 12

A PARIS

Maison à Santa-Cruz et Ténériffe

COCHENILLE

128

B. DUMORTIER

GAUDES FINES

Graine jaune d'Avignon et de Psyllium,

CRÊME DE TARTRE, VERDET, ETC.

Représentants :

MM. Portal et Bertin,

De Montpellier (Hérault)

A PARIS

RUE PARADIS-POISSONNIÈRE, 37

127

Isaac SCHLUMBERGER Fils

A MULHOUSE (Haut.Rhin)

DROGUERIES, TEINTURES

Produits chimiques

———

Commission, Consignation, Importation et Exportations.
122

MOREL-TESSIER

(SCHAEDELIN, Successeur)

Rue des Lombards, 28,

Boulevard de Sébastopol, 20

A PARIS

Drogueries pour Teintures, etc.
124

FERDINAND **MASSON** FILS

Rué Figuier-Saint-Paul, 20,

A PARIS

USINE A VAPEUR

20, RUE DE CHALONS, 20

A PARIS

Étain en feuilles ; Étain affilé au tour par procédé mécanique pour teinture et produits chimiques.

COMMISSION, EXPORTATION.
130

GERMAIN **THOMAS**

Rue Saint-Denis, 94
et boulevard de Sébastopol, 25,

A PARIS

Drogueries, Peintures, etc.
129

BELLANGER ET V. NOIROT

DROGUERIES

ET PRODUITS CHIMIQUES

Pour teintures et impressions sur étoffes

34, RUE DES ROSIERS, 34

A PARIS
125

P. ANDRÉ ET LESIEUR

Rue St-Antoine, 88

A PARIS

Drogueries pour Teintures et Impressions sur étoffes, Produits chimiques, Noix de galle, Amidon, Écorce de Panama et Gomme laque.
126

VERDET ET Cie

A AVIGNON (Vaucluse)

GARANCINE, ALCOOL DE GARANCE

ETC.
156

BACHELLIER

A PARIS

PASSAGE PECQUAY, 10,
RUE RAMBUTEAU.

Droguiste, Couleurs, Teintures,
Résineux, Gomme laque, etc.

131

Ferdinand PÉTERSEN

BREVETÉ S. G. D. G.

FABRIQUE A LABRICHE

PRÈS St-DENIS (Seine)

Carmin de Safran, Murexide en
poudre et en cristaux, etc.

132

J. MARTIN

Breveté s. g. d. g.

ROUTE DU BOURDONNAIS, 22, VAISE

A LYON (Rhône)

FABRIQUE D'ORSEILLE

134

A. ROY

Cordes à boudins continus pour
fabriques de draps.

A LOUVIERS (Eure)

159

JALABERT ET Cie

FABRIQUE

DE PRODUITS CHIMIQUES

Directeur, F. PINELLE Jne

RUE DE MARSEILLE (GUILLOTIÈRE)

A LYON (RHONE)

Acides sulfurique, azotique et
chlorhydrique; Sulfate de soude;
Chlorure de chaux, etc.

135

PERRET ET SES FILS

QUAI SAINT-ANTOINE, 36

A LYON (Rhône)

Fabrique d'acide sulfurique,
chlorhydrique, chlorure de chaux,
sulfate de soude, de nitrates, sulfates mixtes dits de Salzbourg
(vitriols) et autres produits chimiques.

135

D. Rambaud

GRANDE RUE DES CHARPENNES, 23

A LYON (RHONE)

Sulfates de fer, persulfates de
fer, savons de palme, carmins
d'indigo et composition d'indigo.

130

THÉODORE LAFONT

IMPASSE GERLAND (Guillotière)

A LYON (Rhône.)

Fabrique de couperose, sel de fer, sulfate de zinc, eau de Javel, noirs animal, minéral et végétal.

137

MONIER, GIRAUD ET CIE

COURS VITTON, 8, BROTTEAUX

A LYON (RHONE)

Fabrique d'acide picrique, carmin d'indigo, cochenille ammoniacale, mordant pour bleu de France et noir minéral, etc.

138

PIN ET PARRET

24, Chemin du Sacré-Cœur (Guillotière)

A LYON

Fabrique de produits chimiques, composition d'indigo, gommes indigènes et céréales; extrait de matières colorantes, etc.

139

L.-J. PLATEL

FABRIQUE D'ACIDE GALLIQUE

A LYON

21, Rue Romarin, 21

140

RUBSAMEN ET REMP

Rue Cuvier, 2, quai Castellane.

A LYON (Rhône)

Fabrique de carmin et composition d'indigo ; extraits de cochenille et d'orseille, cochenille ammoniacale, orseille et cudbeard.

141

H. LACOMBE

14, RUE DES FRANCS-BOURGEOIS, 14

A PARIS

PRODUITS CHIMIQUES

Consignations

Achats à Commissions, etc.

142

J. RIQUIER

Rue de la Verrerie, 38, à Paris

PRODUITS CHIMIQUES

COMMISSION — EXPORTATION

143

HENRI ROUY

RUE DE BRAQUE, 5, A PARIS

DROGUERIE

PRODUITS CHIMIQUES

Commission, Consignation, Exportation.

143

ROUSTAN

A VILLEURBANNE (Rhône)

FABRIQUE DE BLEU DE PRUSSE

ACIDE SULFURIQUE

Ammoniac liquide, sulfate de fer

Etc., Etc.

145

RENAULT Aîné

Rue de la Verrerie, 4, Paris

Fabrique à Saint-Mandé

PRODUITS CHIMIQUES

Vernis et Teintures.

146

P. VICHOT

Rue des Rosiers, 42, à Paris

PRODUITS CHIMIQUES

Commission. — Exportation.

Consignation.

147

H.-A. CLAUDE

RUE DE LA DOUANE, 7, A PARIS

Colle de poisson de Cayenne en gros, en feuilles et en copeaux.

148

J.-M.-P. CASTELLAN

A AVIGNON (Vaucluse)

Extrait de Garance en pâte liquide, dite *rubérine*, pour l'impression des tissus. Extraits en poudre.

149

J.-B. DEFAY et Cie

Rue du Nord, 24, à Paris

ALBUMINE

Pour fixer les couleurs sur les tissus.

150

J.-G. REBER

A SAINTE - MARIE - AUX - MINES

(HAUT-RHIN)

ALLOXANE

Substance tinctoriale tirée de l'acide urique.

151

J.-J. STEINBACH

A PETIT-QUÉVILLY

(SEINE-INFÉRIEURE)

Amidons blancs et grillés, gommes de fécule, dextrine pour l'impression des étoffes.

152

Anna DESCHAUX

A ANNONAY (Ardèche)

Albumine d'œuf pure en cristaux et en poudre, pour l'impression sur étoffes.

153

MINDOR et CHATROUSSE

A VIZILLE (Isère)

Extrait de châtaignier en cristaux. Emploi pour la teinture des divers tissus.

154

Et. SORRÉ

RUE MESLAY, 23, A PARIS

Laques de garance, de gaude et de curcuma et oxides métalliques pour la peinture.

Procédé pour l'extraction de la matière colorante de la garance, du santal rouge, du curcuma et de l'orcanette.

Sang dragon factice.

155

L. VERTH

A SAINTE-MARIE-AUX-MINES

(Haut-Rhin)

Bois de Teintures triturés.

160

E. BEAUFORT - GOSSART

A LILLE (Nord)

Bleu minéral, cobalt et azur, bleu liquide pour apprêt.

161

A MONGEOT

CONSTRUCTEUR-MÉCANICIEN

A LOUVIERS (Eure)

Tondeuses, machines à lainer et brosses, cardes et filatures pour laine et toutes espèces de machines sur plans et renseignements.

162

A. VECQ & Cie

RUE DU TEMPLE, 13

A PARIS

Bleu de Prusse, prussiate, sulfate de fer, bleus à base d'indigo. Rose végétal.

157

DUMOULIN

43, RUE MESLAY, 43

PARIS

Bleu et vert de cobalt, jaune de cadmium, rouge écarlate, blanc, baryte, acides, etc.

158

APPAREIL CENTRIFUGE

POUR

LA FABRICATION DU VINAIGRE

BREVET D'INVENTION S. G. D. G.

Inventeur : LAHAUT

22, RUE CRUSSOL, A PARIS

Avec notre invention, nous avons atteint le but principal en industrie :

Produire bien, vite et à bon marché. — On peut acidifier par ce système telle quantité de vin, bière ou alcool qu'on le désire, d'une heure a l'autre.

Un seul ouvrier fait fonctionner l'appareil.

Avec un appareil du prix de 250 fr., on peut acidifier 4 à 5 hect. de vin, alcool, bière, cidre, etc., par jour ; le déchet n'est que de 7 à 8 p. 0/0.

Prix de l'autorisation de l'emploi du système pendant toute la durée du brevet (1859 à 1875) CENT FRANCS.

Un appareil est établi à Paris, chez un de nos commettants. S'adresser en personne chez MM. *Tourneux* et *Truillot*, négociants, quai de Jemmapes, 164, à Paris, pour obtenir des cartes d'autorisation pour visiter l'appareil, qui fonctionne les *lundi, mardi* et *mercredi*, de dix heures à quatre heures, chez M. Rousselle, chimiste.

Envoi des prospectus explicatifs par l'Inventeur. 160

VERSAILLES. — IMPRIMERIE DE CERF, RUE DU PLESSIS, 59.

www.ingramcontent.com/pod-product-compliance
Ingram Content Group UK Ltd.
Pitfield, Milton Keynes, MK11 3LW, UK
UKHW022333090726
13658UKWH00001B/246